健康太極拳標準教程

著者:楊進・橋逸郎

はじめに

太極拳とは

　太極拳は中国生まれのとても有効な健康法である。わが国でも50年以上の普及実績があり、現在も多くのひとが全国で楽しんでいる。太極拳は中国武術の一派だが、もとは複雑な技を何年もかけて学ぶマニアックなものだった。それが新中国の生成期に簡化太極拳が制定されたおかげで一気に大衆化を果たした。筆者らの所属するNPO法人 日本健康太極拳協会が普及を進める楊名時太極拳もこの簡化太極拳をベースとしている。我らが師家、故楊名時は中国山西省で一千年続く部門の出身で、留学生として京大に学び中華学校の校長から大学教授に転身した。日本では健康増進を目的とした太極拳普及のパイオニア的存在であり、その志は多くの人たちに受け継がれている。

太極拳の効能

　太極拳の効能は、なんといっても健康に役立つことである。そのことは、現在では多くの研究者により科学的な根拠が確認されている。まず挙げられるのは"転びにくい身体を作る"ことであろう。高齢者の寝たきりを防止するには転倒事故を防ぐこと…これは太極拳がもっとも得意とする場面である。また気血の流れを重視する中医理論をバックボーンにするのも健康法として高得点の材料である。実際に筆者らの研究では血流、リンパ流の流れを改善する作用が確認されている。メンタルコントロール、いわゆる「心」への働きかけも太極拳の得意とするところで、"動く禅"という表現は誇張ではない。ただしこの点は固有感覚の支配が大きいところなので、客観的な検証は今後に期待される部分である。

本書の内容について

　太極拳の良さは、その動きにある。本書は入門からベテランまでそれぞれの段階で学習の資料となるよう、太極拳実技の解説を内容とした。

　楊名時太極拳のカリキュラムは立禅、スワイショウ、八段錦、太極拳、と続き、最後にまた立禅とスワイショウで締めくくる構成である。本書はそのすべてに加えて介護支援套路の Any3 TAICHI と坐功八段錦も収録した。このふたつは Chair Exercise として車イスに座ってできるように設計されているが、その実 Any3 TAICHI は師家楊名時の身体技法をもとにした体幹運動で、むくみの除去や腰痛に抜群の効果を発揮する健康法である。また坐功八段錦は師家が生涯の研究目標としていた古典気功の技法を整理した伝統功法である。どちらも愛好者諸氏のお役に立てると思う、お勧めの功法である。

楊名時太極拳の変遷と未来

　師家が楊名時太極拳の普及活動をはじめて 50 年あまり。その間に師家自身の動きが変化している。それはもともと太極拳の特性みたいなもので、歴代の名師（たとえば楊式太極拳直系 3 代目の楊澄甫や孫式太極拳始祖の孫禄堂など）も教えはじめたころの弟子と晩年に入門した弟子では、習った動きが違っていた。多くの場合、伝統太極拳はときが経つ（熟練する）につれて動作やストロークが小さくなる性質がある。動きは小さくまとまり、技も微妙で傍からは見えにくくなっていくわけだ。ところが師家の太極拳動作の変遷を追ってみると、その逆になっている部分が多い。もとはひとつのストロークの中でごく部分的な"タメ"であったものが、次第に大きくひとつのストロークになっていることもある。動きの要素が多くなってきたわけだ。その理由は普及のしかたにある。はじめは少数であった愛好者が徐々に多くなり、数十万人の規模にまで至った。大きく単純に…は多くのひとにわかりやすく

はじめに

　教えるための必須事項で、教育者でもある師家は時に応じて大衆化をめざしたのであろう。

　しかし伝統拳とおなじように、時期によって教えた形が違うのも事実。ただし、時期や形が違えどみな楊名時太極拳である。師家の最も古い映像を見ると晩年とはまったく違う動きに見えるが、よくよく見れば"動きの要素"はまったく変化なく、ただ"要素の表現方法"が小さいか大きいかだけの違いに驚かされる。大きく習って小さくまとめる太極拳の伝統をみるに、大きな動きを小さなタメに戻していく勉強も、上達するためには大切な学習の方法であろう。そしてそれは師家の技と心を知る方法でもある。

　師家は普及当初、伝統的な足使いを残していたが、簡化太極拳が普及するにつれて中国で多く普及した簡易な方法に変更した。本書ではこの点を一部師家の普及当初の方法に戻している。その理由は弱者救済である。簡化太極拳の欠点として「右膝の故障率」を挙げることができる。その理由は"右足軸の虚歩を多用する"動作構成にあるのだが、もともとの師家の方法（伝統的な足使い）であれば、そのリスクは最小にできる。

　歴代名師の太極拳が、そして師家の太極拳がそうであったように、良いものといえども変わらないものはない。「理由あれば変えるが賢者、理由なく変えるは愚者、変えざるは鈍者なり」といわれるが、「変化しないものに未来はない」という生物の法則と同じだ。楊名時太極拳が変わっていく理由はただひとつ、"健康的である最良の道をいく"ためである。それこそが楊名時太極拳がめざす未来への"道"であろう。

健康太極拳標準教程　目次

はじめに ……………………………………………………… 001

第1章　立禅、スワイショウ ……………………………… 007

第2章　楊名時八段錦 ……………………………………… 019

第3章　楊名時太極拳 ……………………………………… 081

第4章　坐功八段錦 ………………………………………… 183

第5章　車イス太極拳
　　　　Any3 TAICHI 221

第6章　楊名時太極拳稽古要諦 239

　　　　あとがき 253

第1章
立禅、スワイショウ

立禅

　太極拳はゆっくり動きながら身体のあらゆるところを意識しながら動く運動である。それには集中力がものをいう。そのため楊名時太極拳では、はじめに立禅で精神の統一をはかる。

　もともと立禅は武術内功のひとつで、静功のなかの"椿功"と呼ばれるもの。杭のように立つ訓練だが、ただ立つだけでなく、使っていない筋肉をすべてゆるめリラックスした状態で精神集中をはかる。最初はリラックスすることからはじめ、意識を集中して感覚を鋭敏にしたい。

・立ち方は開立歩（肩幅ぐらいの横幅）でヒザをややゆるめる。呼吸は深く長い腹式呼吸がよい。
・首、肩、ひじをよくゆるめ、首がたれないように頭頂を天から吊られたように意識する。
・腕は身体にぴったり付けず、脇を少しあけ余裕をもたせる。
・手は虎口（注）をあけて体側にそわせる。
・足のうらは柔らかくゆったりと床をふみ、緊張させない。
・目は見開かず半眼にして、一点を注視せず眺視（注）する。

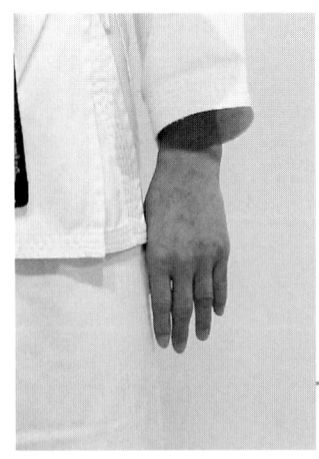

立禅
両手は体側にゆるめ垂らす

（注）虎口：親指と人さし指の間のこと。
　　　眺視：視線を動かさずに周囲の情報にも気を配る見方。注視または凝視の反対で、意識的に使い分けたい。

第1章　立禅、スワイショウ

立禅正面

立禅側面

ヒント

　目を見開かず半眼にするのは、視覚の情報を意識的に減らすため。私たちの日常生活にかかわる感覚のほとんどは目からの情報で占められる。あえて視覚情報を減らすことで、他の情報が意識にのぼりやすくなる。太極拳では皮膚感覚や体性感覚（筋や骨の活動、内臓からの感覚）などを利用する。太極拳が強い力を嫌うのは感覚を鋭敏にするためである。

　立禅をするときに大切なのは"耳を澄ませる"こと。身体全体を鋭敏にして、空気の流れやもの音、まわりの状況を感じ取ろう。同時に筋肉の緊張や関節のゆるみを感じ取れば、気を落ち着け身体の隅々まで意識することができるようになっていく。

　太極拳は緊張や強力を嫌う。しかしリラックスするのは本旨でない。醒めて、物静かで、集中して…　落ち着きの中で考察力を発揮する状態を目指すもの。けっしてダラッとしているだけではないところが"禅"的である。

スワイショウ―腕を振る健康法

立禅

立禅の姿勢からヒザをゆるめ、胴の中心(ウエストあたり)をひねるように回転させ、肩から腕は力を抜いて胴にまきつくように振る。動きは目が先導し、ウエストがよく回るひとは視線が真後ろを向くぐらい、身体が硬いひとでも真横を向いて回転を導きたい。

右回転

第1章 立禅、スワイショウ

左回転

スワイショウで基礎訓練

　スワイショウは準備運動だけでなく優れた太極拳基礎訓練法でもある。まず3種類のスワイショウを使い分けよう。

前歩きのスワイショウ

初級：回転でヒザが横にぶれないように注意しよう。

中級：後ろに重心を移動する動きと、前に重心を移動する動きを両方練習しよう。

上級：左右の股関節を回転軸として使い分ける。

後ろ歩きのスワイショウ　回転の方向と反対側に重心が移動する

左右のスワイショウ

第1章　立禅、スワイショウ

　両腕を左右に開き、同時に落下させながら真横に身体を捻るスワイショウ。体重移動は後ろ歩きのスワイショウと同じである。後ろに振り上げた腕は脱力したまま肩の高さまで上げたい。前の手は上がりやすいので上げすぎないように注意する。

015

前後のスワイショウ

スワイショウで虚実を明らかにする訓練

　後ろ歩きのスワイショウでは、虚側の足を少しだけ床から上げる。前歩きのスワイショウでは虚側の足のかかとを床から上げる。どちらも実側の脚をゆるめ身体を沈めながらおこなうこと。左右のスワイショウも後ろ歩きのスワイショウと同様におこなう。

　分清虚実は太極拳の歩法でもっとも役立つ要訣。血流増進やバランス能力向上に役立つので十分に練習しておきたい。スワイショウで虚実の訓練ができれば太極拳の歩法は確実に上達する。

第1章 立禅、スワイショウ

第2章
楊名時八段錦

楊名時八段錦

八段錦とは

　八段錦は中国に古来から伝わる民間健康療法のひとつで、いわゆる気功法とよばれる功法の一種。

　八段錦の由来は約千年といわれる。今日まで連綿と伝えられ、現在も中国には多くの流派や派生系が存在している。師家の伝えた八段錦は「北派」と呼ばれるもっともポピュラーで実績のある形式を改良したものである。

　近年中国では、伝統気功を国民の健康維持のために役立たせようと中国・国家体育総局によって伝統功法の研究と再編が進められ、2003年に八段錦を含む代表的な四種類の功法が国家制定の「健身気功シリーズ」として発表された。この健身気功シリーズの八段錦も楊名時八段錦と同じ段構成であり、この功法がポピュラーで効果的なことを伺わせる。

一段　　　　　　　　　五段

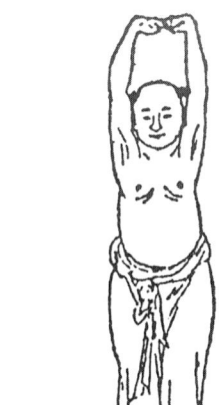
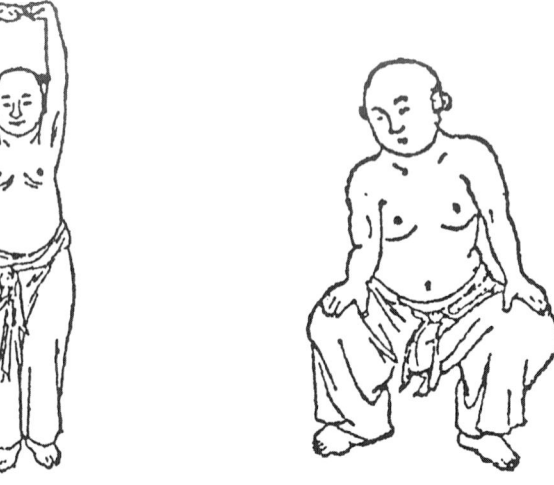

古代八段錦図

八段錦の種類

　八段錦は長い年月をかけて改良されるうちに数多くの形式や動作を生んだ。また、目的による細分化も進み、たとえば高血圧のひとのためには降圧功八段錦、肥満の対策としては減肥功八段錦、動作だけでなくマッサージを主体とした按摩功八段錦や目の養生を目的とする眼功八段錦等々、さまざまな功法が展開される。その一端を紹介しよう。

漢方の基本、五行をもとにした功法	
心功八段錦	循環器および神経系に効く
肝功八段錦	滋養精血を目指す
肺功八段錦	呼吸機能とともに水分代謝を調整する
脾胃功八段錦	消化吸収のバランスをとる
腎功八段錦	排泄器官の養生とともに根本体力を養う

感覚器官に働きかける功法	
眼功八段錦	視覚や眼病に働きかける
耳功八段錦	聴覚や耳の異常に働きかける
口功八段錦	口内、歯、舌の健康維持
鼻功八段錦	鼻腔の衛生や健康維持

特定の症状に対応する功法	
排石功八段錦	結石を予防する
減肥功八段錦	肥満を予防する
降圧功八段錦	高血圧を予防する
等々	

身体各部のそれぞれに働きかける功法	
手功八段錦	手、手首、腕に働きかける
足功八段錦	足、足首、脚に働きかける
頸功八段錦	首に働きかける
肩功八段錦	肩に働きかける

師家はこれら数多くの功法の一部も自身の動きに取り入れ、工夫・改良を推進している。たとえば、第六段錦のなかで「大きく身体を旋転させる動き」は減肥功八段錦の代表的な動作である。

　八段錦にはさまざまな動作姿勢がある。もっとも一般的な動作姿勢は立功と呼ばれる、立っておこなう形式（楊名時師家の伝も立功の一種）だ。

主な形式は四種
　1　立っておこなう「立功」
　2　座っておこなう「坐功」
　3　寝ておこなう「臥功」
　4　マッサージをおこなう「按摩功」

　八段錦の場合、マッサージはごくふつうの動作にもとりいれられている。立功の第八段錦「背后七顚百病消」でかかとを床に落とす動作も振動によるマッサージ効果をねらったものだ。これらの按摩功法は坐功や臥功に多く見られる。たとえば、前述の「眼功八段錦」では半分以上が按摩動作である。

　楊名時師家は太極拳普及のはじめのころ、これらの按摩動作を座式八段錦として紹介したこともある。また限られた期間にすぎないが本来の（坐っておこなう功法としての）坐功八段錦も指導紹介した。さらには師家の個人的な学習目標として、気功法のなかでも古典中の古典といえる"洗髄経"の研究を目指した。

楊名時八段錦の特徴と立場

　これまで述べてきたように、八段錦は歴史が長いだけに多種多様である。楊名時師家の残した八段錦功法は、そのなかでも主流といえる動作をもとに、ストレッチ要素や辛い動作の調整が可能で親しみやすい。しかしながら重要な効能・機能はたいへん充実した功法である。師家自身の動きを普及当初と晩年のそれを比べると

二十四式太極拳と同様に付随動作が増えてきている。しかし基本功法は不変であり、「多くの人びとの健康に寄与する」という立場も不動である。八段錦も未来に向けて発展していくことと思われるが、師家の残した基本功法を枝葉末節の小事にとらわれることなく大切にしていくことが私たちの責務と考える。

文と武の八段錦

　中国では古来から立っておこなう（立功）八段錦のことを"武八段錦"、座っておこなう（坐功）八段錦のことを"文八段錦"と呼び習わしてきた。このふたつがそろうことで"文武両道"が実現するというわけだ。本書では師家の研究した文八段錦（坐功八段錦）を親しみやすく整理して掲載した。同学の"文武両道"をめざす参考にしていただきたい。

> ### 「坐と座」
>
> 　腰をおろしておこなう功法を「坐功」または「座式」という。"坐"と"座"は現代的には"すわる"という同じ意味で使われるがもともとは
> 　坐＝「人＋土」で「ひとが地面に腰をおろすさま」動詞
> 　座＝「坐＋屋根」で「ひとがすわるところ」の意。名詞
> との区別であった。本書で紹介する「坐功八段錦」もその用法に鑑み"坐功"としている。

第2章　楊名時八段錦

八段錦で知っておきたい経絡（東洋医学）のこと

　八段錦の効果を発揮しようとした場合、東洋医学的には"経絡"にはたらきかける必要がある。その方法は"意識"と"動作"。ここでは「何に効かすか」を意識するために必要な基礎事項を紹介する。

「気・血・水」

　気・血・水（津液）は身体の中で流れているもの。動作ごとに何を流したいか意識することで効果を期待できる。
　・気＝主に肺、三焦の臓腑が関与する。
　・血＝主に心、肝、脾の臓が関与する。
　・水＝主に腎、三焦の臓腑が関与する。

「経絡」と「臓腑」

　"経絡"は"気"を流す"川"にたとえられ、"臓腑"は川から気を注がれる"海"にたとえることができる。
　"経"は縦の流れであり、"絡"は横の流れである。
　"経穴"（いわゆるツボ）は、川のなかにあって気の集まるスポット。臓腑は経絡を流れる気を受け、生理機能のバランスをとり生命活動をおこなうと考えられている。

「命門」

生命の根源をつかさどる気が宿るところ。生命そのものの概念である。意識して動くことにより、命を活性化すると考えられている。

「空間」

経絡概念の一種で、身体の偏りや癖を治すために意識する。身体動作を三次元でとらえ、経絡の詰まりで動きにくいところを意識することで、関係経絡を認識する。

「先天の気と後天の気」

先天の気は両親から受け継ぎ生まれもって存在する精気。これは腎に宿り、後天の気によって補給され、生きているうちは枯渇しない。

後天の気は脾胃によって飲食物から生成され、気・血・水を形づくる。

第一段から第八段まで、動作のそれぞれに経絡的な解釈を記してあるので、これらの基本事項をもとに、意識するところや注意点をよく学習し、動作の参考にしてほしい。

楊名時八段錦

第一段錦　双手托天理三焦（スァンシォウトゥテンリサンジァオ）

　両手を組んで伸ばし上げ、手のひらを上に向ける。

　準備姿勢から、両手のひらを上向きにして指を交叉させ、胸の高さまで上げる（吸気）。**写真 1、2、3**

準備姿勢
左足を肩幅に開く
足を肩幅に開いた状態を準備姿勢とし、
以後は準備姿勢からはじまる。

第2章 楊名時八段錦

呼吸は、手を上げるとき吸い下げるとき吐く

指を交叉させたまま、前後にボールの表面を撫でるように手のひらを返しながら上から下に回し、息を吐きながら手のひらを下に向けて下腹前まで降ろす。
写真 4、5、6、
息を吸いながら両手を持ち上げ、手のひらを返して上に向け頭上に上げる。
写真 7、8、9
頭上で交叉した指を静かにほどき、息を吐きながら両側に広げ降ろし、準備姿勢に戻る。**写真 10、11、12、13**

写真14：指をほどくとき、指のつけ根を開くようにすると「スポッ」と抜けることなく静かにほどくことができる。

ポイント：ストレッチを目指すためには、上げた手を真上に向け肘を伸ばすのが有効。しかし、無理をするのは本末転倒である。そのひとによって身体の柔軟性は様々、身体の硬いひとは適度な気持ちよさを求めて動くぐらいからはじめよう。慣れたら少しずつ伸ばしてゆけばよい。また、身体の柔らかいひとが伸ばし方不足になるのも良くない。このように動作の善し悪しは動きの外形にあらわれない。

　腕の上げ下げで肩が上下しないようにしたい。真上に上げ伸ばしたとき肩が上がるのは仕方ないが、それ以外は肩を沈めていた方が経絡を意識しやすい。

経絡解説

"三焦"は古くからさまざまな考察がなされてきたが、次のふたつに要約される。

「働きとしての"三焦"」

命の炎としてとらえる考え方。身体から発する熱や光とも考えられる、オーラのようなもの。

「臓腑としての"三焦"」

身体を上・中・下に分ける考えかたで、分け方そのもの、またはそれらを繋ぐ通路の役割があると考えられた。

胸腔を上焦、腹腔を中焦、骨盤内を下焦とするものや、命門（丹田）と同列で上丹田（百会あたり）を上焦、中丹田（膻中、みぞおち、横隔膜あたり）を中焦、下丹田（臍下丹田、気海）を下焦とする考え方がある。

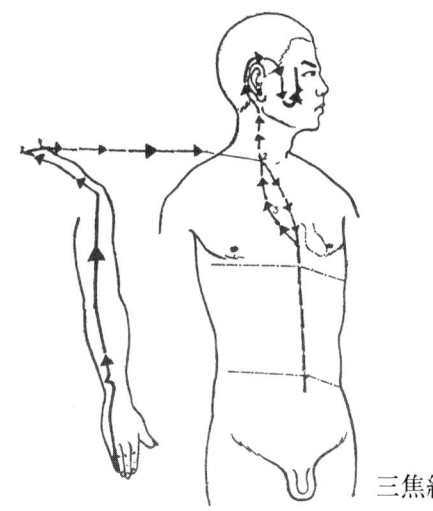

三焦経

動作の意識

・両手を組んだとき、臍下丹田の気を意識し、練る。
・その気を下→中→上→中→下とまわし、動作とともに頭上まで持ち上げ、身体を伸ばすとともに上中下の三焦すべてに行きわたらせる意識をもつ。
・両手をゆっくり開いて降ろすとき、気を沈め丹田に戻す意識でおこなう。

第二段錦　左右開弓似射雕（ヅォゥヨゥカイゴンシショディァオ）

弓を引くように胸を広げて腕を引き伸ばしする。"雕"は鷹のこと、鷹を射る動きに似た動作である。

準備姿勢から左足を肩幅の２倍ぐらいに広げ、息を吸いながら両腕を広げ、息を吐き沈みながら両腕を正面に降ろして馬歩とする。腕は自然に前に垂らす。
写真１、２

両手を軽く握り、息を吸いながら胸の高さまで持ち上げる。**写真３、４**

左手を剣訣（注）にして、息を吐きながら右肘を横に引き右こぶしを右肩によせ、同時に左手を左前方に伸ばしながら剣訣を立て、左横方向に押しだす。呼吸に合わせて身体はやや沈む。視線は剣訣の方向、遠くを見る。**写真５、６**

❶ 準備姿勢

❷ 呼吸　吐く

第2章 楊名時八段錦

3 吸う

4 吐く

5

6

息を吸いながら両手を胸前に戻し（身体の沈みは戻る）、剣訣をゆるめ息を吐きながら両手を垂らし、もとに戻る。**写真7、8、9**

同じ動きを左右入れ替えて反対におこなう。

最後は息を吐きながらゆっくりとヒザを伸ばし、右ヒザをゆるめ左足を戻して予備姿勢に戻り、立禅の姿勢で呼吸を整える。

7 吸う　　8　　9 吐く

（注）剣訣：人さし指と中指のつけ根を開き指を伸ばし立て、薬指と小指を親指でかるく押さえる手の形。腕の伸筋作用を強調する手型である。握りは適度な張りがよく、握りすぎや萎えすぎはよくない。

吸う　　準備姿勢に戻る

ポイント：馬歩は肩幅の1.5倍から2倍の足幅で、つま先は正面に向ける。馬歩の高さは体力に応じて加減しよう。馬歩の高さを呼吸に応じて上下させるのも脚力増強や血流促進に効果的である。詳細は76頁「馬歩の効能」を参照のこと。

経絡解説

腕の開合によって呼吸器に影響をあたえる動きだが、経絡的にも肺経、大腸経を意識して肺臓にアプローチする。

「血海穴」(足太陰脾経、大腿前内側にあり、ヒザ蓋骨内上角の上2寸にとる)が大腿四頭筋上にあり、全身に蓄えた血を回すには有利な場所であり、心臓の血液循環を補完する動作としても優れる。これは馬歩姿勢の上下動がミルキングアクションに優れることと一致する作用である。大腿部の前側は血の病に有効な場所であり、ここを温めると生理痛がやわらいだり、虚血による冷え性にも効果があるといわれていることから、婦人病や血虚のひとにも有効な動作と考えられる。

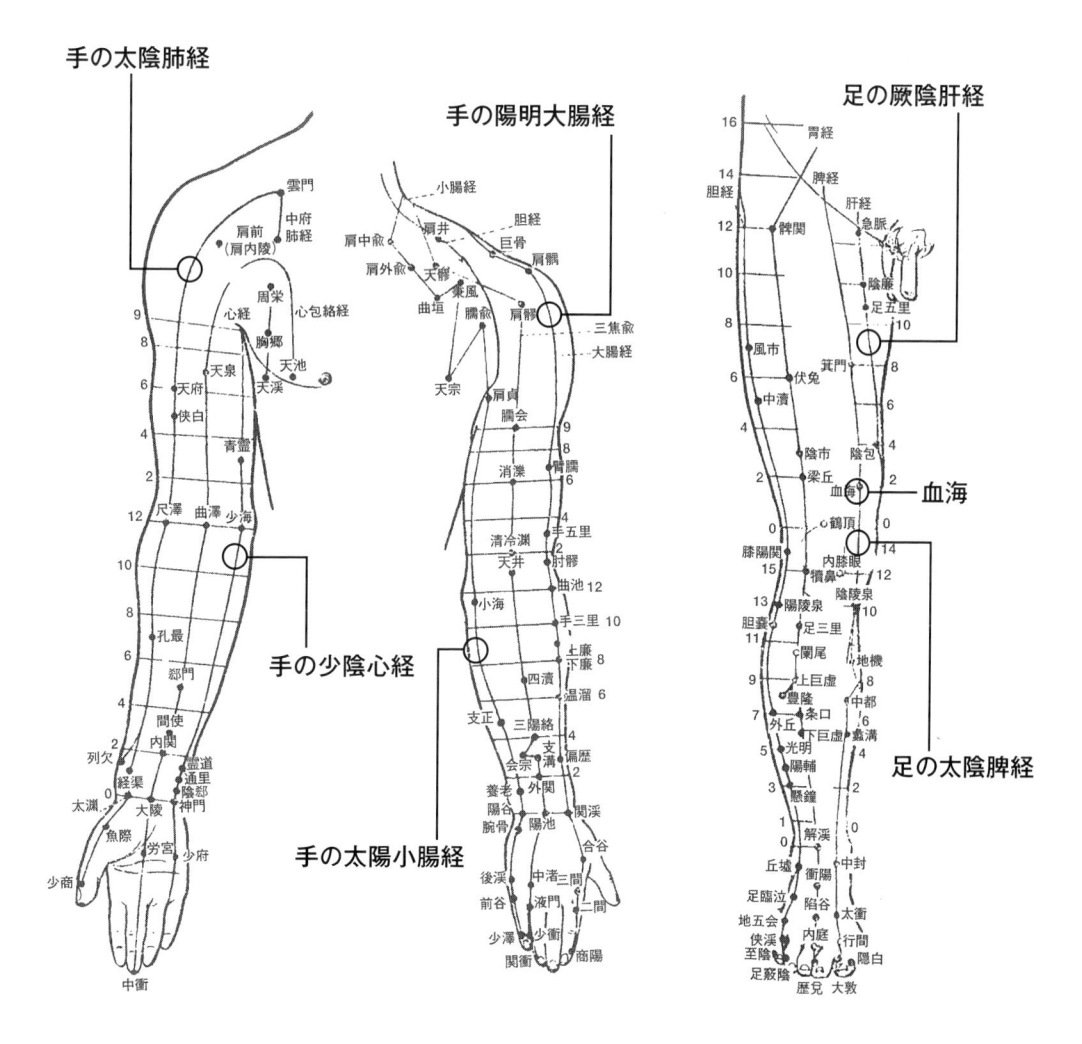

手の太陰肺経
手の陽明大腸経
足の厥陰肝経
手の少陰心経
手の太陽小腸経
血海
足の太陰脾経

第三段錦　調理脾胃須単挙（チャオリピウェイシュダンジュイ）

腕を使って胴体を上下に引き延ばす動きで、消化器の活性を促し精神を安定させる。

準備姿勢から、息を吸いながら両手のひらを徐々に上に向け、胸の高さに上げる。**写真1、2、3**

小さなボールを撫でるように手を返し、手のひらを下に向ける。両手のひらでなにかを押さえるようにみぞおちあたりまで降ろす。**写真4、5**

左手を、手のひらが外に向くように肘から上げ、頭上に持ち上げる。同時に右手はとまらず下降を続け、股関節右斜め前あたりを押さえる。**写真6、7、8**

1 準備姿勢

2 呼吸は手を上げるとき吸い、降ろすとき吐く

3

第2章 楊名時八段錦

ポイント：上に上げた左手と下に押さえた右手は、腰を中心に上下左右のバランスをとる。両手は同時にできあがるように動きが協調して整うこと。

同じ動きを左右入れ替えて反対におこなう。
頭上にある左手を横に開き降ろし、もとの位置に戻る。同じ動きを左右に入れ替えて反対におこなう。**写真9、10、11**

第２章　楊名時八段錦

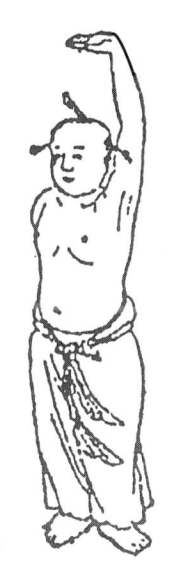

ポイント：ストレッチ効果や肩の動きについては第一段錦と同様である。下に押さえる手は太極拳でいう"坐腕"（野馬分鬃定式の下側の手）の位置ぐらいとすればバランスがよい。

経絡解説

　胃腸に影響をあたえる動きである。

　大腸と小腸は胃家（胃が中心になる家族のようなもの）に属し、小腸はその経も胃の腑を通り小腸に達する。

　脾は胃と一体になって働き、消化や吸収をつかさどって後天の気を生成し気・血・水を全身に送り出す。

　脾と胃は五行では「土」に属する。「土」は五行循環の中心で、事物を吸収し、変化させ、生成する要。脾胃を丈夫にすることで、食べ物をよく吸収し、新陳代謝をうながし、食欲を増進させ、壮健な身体に変化させることができる。

　腕を上げていくときに、前腕のとう側（親指側）後面の大腸経と尺側（小指側）後面の小腸経を意識する。体幹の前面は、胃経の肩井穴〜乳中穴〜髀関穴（気街）股関節を意識する。背面は膀胱経の胃兪（第12胸椎、第1腰椎棘突起間の外1寸5分）、脾兪（第11胸椎、第10胸椎棘突起間の外1寸5分）あたりに意識を置く。

第2章 楊名時八段錦

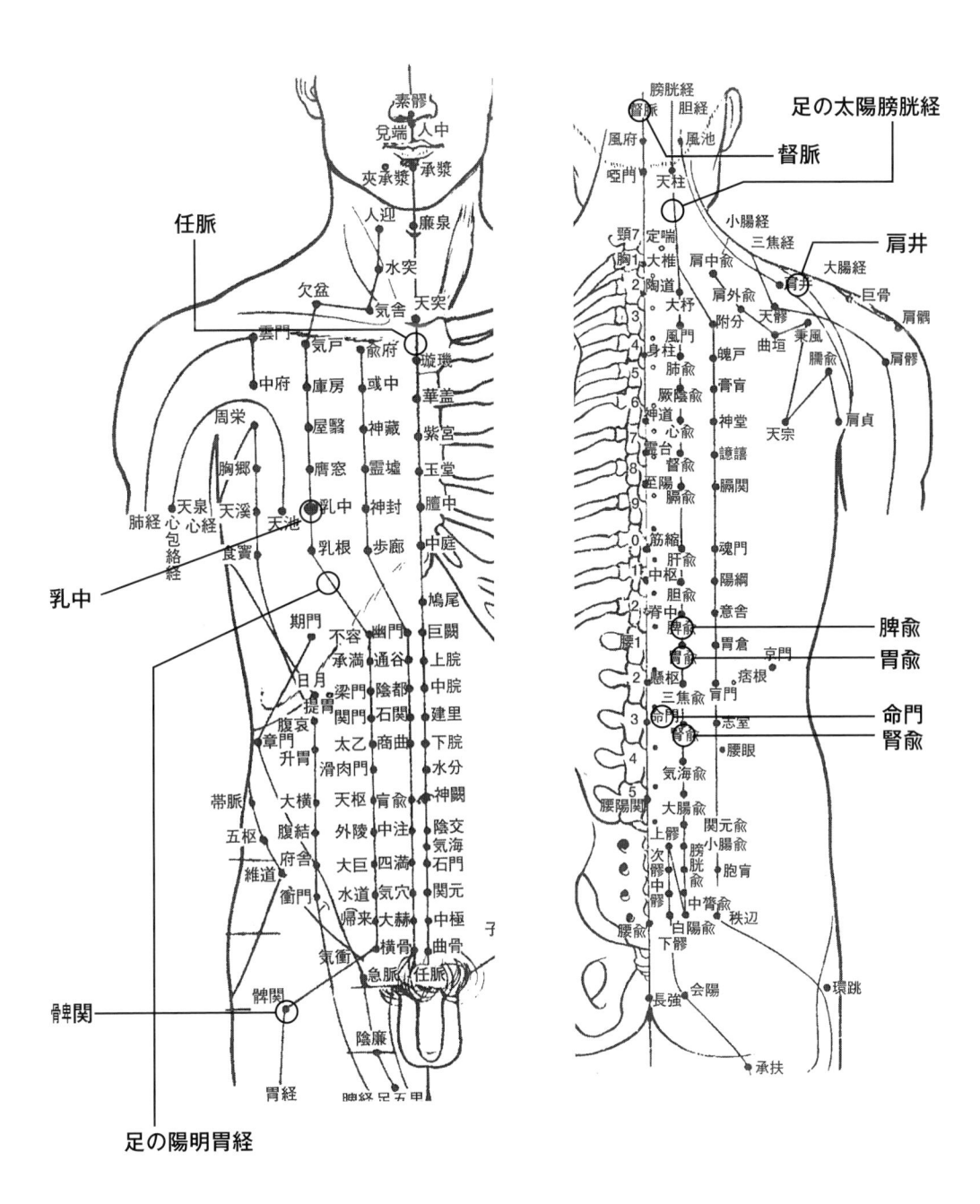

第四段錦　五労七傷往后瞧（ウラォチシァンワンホゥチァオ）

首をひねる動きで内臓の慢性疾患を予防する。
準備姿勢から、息を吸いながら両手のひらを徐々に上に向け、胸の高さに上げる。
写真1、2、3

小さなボールを撫でるように手を返し、息を吐きながら手のひらを下に向け腕を降ろす。同時に首をゆっくり左に回し斜め後ろを向く。意識は丹田から右脚を伝って右足の裏に通す。**写真4、5、6、7**

1 準備姿勢　**2**　**3**

息を吸いながら、手のひらを徐々に上に向け両手を胸の高さまで上げる。同時に右足の裏に通した意識をゆっくりと丹田に戻す。**写真8、9**

同じ要領で、手を降ろしながら首を右にひねる動作をおこなう。**写真10、11、12、13**

　最後に、もう一度息を吸いながら腕を胸の高さに上げ、首は正面を向いたまま息を吐きながら腕を降ろし、準備姿勢に戻る。**写真14、15、16**

ポイント： 首を回すとき、首が傾かないように。この動きは、足を動かさず意識を通すだけだが、首が向くのと反対側の足裏に意識を持つのは微細な姿勢反射を感じ取る意味を合わせ持つ。そのためにも足裏を良く意識するとともに、足裏から足全体もよくゆるめて立ちながら動きたい。

第2章 楊名時八段錦

経絡解説

　五労七傷には様々な説があるが簡単に述べてみよう。

　五労とは、五つの過労。見すぎ、寝すぎ、座りすぎ、立ちすぎ、歩きすぎ　のこと「久視は心を、久臥は肺を、久坐は脾を、久立は腎を、久行は肝を傷る」といわれる（久…は長く時間をかけている、ずっとそのままにしているという意味がある）。

　疾患として見ると

　　肝労→（視）神を損なう。ものが見えにくくなる。

　　心労→血を損なう。心煩、不眠、動悸など。

　　脾労→食を損なう。食欲減退、四肢の倦怠感、腹部膨満感など。

　　肺労→気を損なう。咳嗽、悪寒、呼息困難など。

　　腎労→精を損なう。遺精、盗汗、潮熱、下肢の萎えなど。

　　　　　　　『医学綱目』より

とされる。

　七傷は、七種の疲労による損傷で、

　　大怒気逆は肝を傷る

　　憂愁思慮は心を傷る

　　飽食は脾を傷る

　　形寒（身体を冷やす）・冷飲食は肺を傷る

　　水に濡れ、強力（力仕事）をしたり、湿地に座ると腎を傷る

　　風雨寒暑は形を傷る

　　大恐不節は志を傷る

　　　　　　　　　『諸病源侯論・虚労侯』より

とされる。または、

　七つの感情による臓腑の傷り。怒・喜・憂・思・悲・恐・驚。

　怒は肝を、喜は心を、憂・思は脾を、悲は肺を、恐・驚は腎を傷る。

ともいわれる。

　この動きは、往（送る、よそへいかせる）、后（あとで、のちに）瞗（盗み見る、チラッと見る）から、「横から後ろを見たのちに五労七傷をよそへいかせる」の意味。

第五段錦　揺頭擺尾去心火（ヤォトゥバイウェイチュイシンホゥ）

　馬歩で胴体を揺らしストレスから来る障害を和らげる動作。
　準備姿勢から左足を肩幅の2倍ぐらいに広げ馬歩とする。手は親指を後ろにしてヒザのやや上に置く。**写真1、2、3**

1 準備姿勢　　**2** 足を広げる　　**3** 馬歩で手をヒザに

頭から背中はまっすぐなまま、息を吸いながら上体を右前方から正面、左前方へと回し、頭を左ヒザの直上にもってくる。このとき右腕は伸ばし右ヒザが内に入らないように支える（馬歩の形はかわらないように）。**写真4、5、6、7**

4　呼吸　吸う　　**5**　吐く　────────────────→　**6**　　**7**

　頭が傾かない程度に首を回し右足の指（または土踏まず）を見る（小指外側か湧泉穴）。**写真8**

8　吸う

首と視線を戻して、息を吐きながら上体を逆に回してもとの姿勢に戻る。**写真9、10、11、12**

| 9 | 10 | 11 | 12 |
| 吐く | 吸う ―――――――――――――――――――――→ | | |

　同じ動作を反対に、左方向から右前に向かって上体を回し、足もとを見る動作から元に戻るまで、逆方向におこなう。

吐く → 吸う

　最後は息を吐きながらゆっくりとヒザを伸ばし、右ヒザをゆるめ左足を戻して準備姿勢に戻り、立禅の姿勢で呼吸を整える。**写真13、14**

吐く　　　　　吸う ────────────────────────→ 吐いて

ポイント：馬歩の注意点は第二段錦と同じである。この動作は胴体の旋転が大きいので肘の伸ばしを使ってヒザが横ぶれしないように注意しよう。ヒザの負担が大きい動作なのでヒザの弱いひとは特に注意したい。正しい姿勢でおこなえば、ヒザの弱いひとでもヒザ周りの筋群を丈夫にしてヒザの負担を軽減できる運動である。

経絡解説

「心火」とは「心火亢進」、火をつかさどる心が火力調節をできなくなって、火が燃えさかり病を引き起こす状態をいう。陰のはたらきが不足するためであり、多くの要因はストレスとされる。症状は、心悸、胸部煩熱感、不眠、五心煩熱（両手両足胸の熱感）など。

気持ちのもやもやを払うために頭を振ることがあるが、これは心火を払うことと同じである。頭を揺らし尾を払う動きで、固まった気を振り撹拌し、均等に巡らす効果が期待できる。

心火：心は上焦にあり火を主る。腎は水を主り、心と腎は互いに助け合いバランスをとっている。心火が亢盛すると命門の火を吸い上げることになり、「心腎不交」に陥る。これがイライラや不眠の症状につながる。この動作は心火を消して下降させ、心と腎のバランスを整える。

第六段錦　両手攀足固腎腰（リァンショウパンズグシァンヤオ）

股関節を折って内臓をマッサージし、腰の強化と老廃物の排泄を促す運動。
準備姿勢から、息を吸いながら両腕を前に上げ、息を吐きながら腹前に降ろす。息を吸いながら両腕を前から上に向かって頭上まで上げる。**写真1、2、3、4、5、6、7**

写真1〜7までは一連の動き、8〜9を数回繰り返して10に戻り、11〜に続く。

呼吸は自然に

数回繰り返す

腰から背筋、腕を交互によく伸ばしてから、上体を右から左へ大きく3回ほど旋転させ、左前から反対に同様に旋転させる（旋転のときは特に自然呼吸で）。

写真11～20

第2章 楊名時八段錦

反対回り

第２章　楊名時八段錦

もう一度息を吸いながら身体全体を上に伸ばす。**写真12**

胴と腕を伸ばしたまま、息を吐きながら股関節を軸に前に折るように倒していき、両手でかかとを掴んで、自然呼吸でしばらく留まる。**写真13、14、15**

息を吸いながらゆっくりもとの姿勢に戻す。**写真16、17、18**

12　　　　　13　　　　　14　　　　　15
吸う　　　　吐く

⓯ 背中を丸めて上げる　頭は最後

⓱ さらに上げる

⓲ 準備姿勢に戻る

ポイント： 前屈はゆっくりおこない急激にしない。身体を起こすときもゆっくり、できれば背中を丸めながら頭が遅れて持ち上がるようにすれば、貧血や立ちくらみを防止でき安全である。

　身体の硬いひとは前屈しても手でかかとを掴めないかもしれない。そのときは届く範囲で足のどこかを掴めばよい。

　この動作、もともとは上に伸ばして股関節から折りたたむだけの動き、つまり胴体を"伸ばして""折りたたむ"動作だけであった。師家は旋転を加えて結果的に"伸ばして""ほぐして""折りたたむ"動作にしたわけだ。

第2章　楊名時八段錦

061

注意点：注意する症状：高血圧、低血圧、貧血、バランス不足、腰痛
・この動作は血圧に問題をかかえるひとは（高血圧、低血圧ともに）特に注意したい。
・上体を大きく旋転させる動作は、高齢者の転倒事故につながる可能性があり、禁忌とされるときもある。高齢でなくても動きになれていないひとがいる場合は注意した方がよい。
・身体全体を上に伸ばす動作は、お腹を突き出して反る動作になりやすく、腰椎に負担がかかるので腰の弱いひとには注意が必要である。これも禁忌動作ととられることがある。"伸ばす"と"反る"とは違う運動であることをよく理解しておこないたい。高齢者、特に男性は腕が垂直に上がるひとは希であるから、余計に腰を反らせやすいので注意したい。
・股関節を折りたたみ前屈するとき、速くおこなうと転倒につながる危険性がある。高齢者施設では前屈動作も禁忌としているところもあるので注意しよう。
"攀"は「よじ登る」「すがる」の意味、古典では「かかとを掴む」意味で使われるが、一般的には屈筋支配で"力み"を誘発しやすいので"できる範囲で"の動作をお勧めする。

　少しでも危ないと思ったら、周囲の障害物や床の状態など環境に気を配り、介添えの必要性も考慮したい。また状況に応じて動きの要素を加減しよう。

　高血圧の薬を服用しているひと、骨粗鬆症のひと、多量にお酒を飲むひと、たばこを吸うひとは腰椎の圧迫姿勢（注）に注意すること。

（注）腰椎の圧迫姿勢　写真のように身体を反らす姿勢は腰椎に負担をかける。身体を反らさないで伸ばすよう心がけたい。

良くない姿勢（身体を反らせる）　　良い姿勢（身体が反らない）

経絡解説

「腎を固める」とあるように、腎を意識する動作。腰は腎の状態をよく反映するので腰＝腎ととらえてもよい。腎は骨をつかさどることから、腎を強固にすることで全身の骨を強くする効果がある。

両手を天に押し上げることで左右の起立筋をストレッチして、疲労により腎兪（第二、第三腰椎棘突起間の外1寸5分。41頁参照）にたまった緊張をほぐし気の流れを改善する。身体を大きく回すことで、さらに腎兪の緊張をゆるめ、腰の筋を鍛え腎を強固にすることができる。

注意点： 腰部は疲労物質が蓄積しやすく、疲れがたまったときは正常な筋収縮がうまくできず、捻挫する可能性がある。

この第六段錦は段階的に腰の負荷が多くなるので、そのときの体調にあわせてどこまで動くかを調整したい。

腰に疲れがたまっているときには、緊張をほぐすことに重点を置いた方がよい。腰の鍛錬を目的とするなら、腰をよくゆるめて正常な状態にしてから負荷をかけるようにする。同じ動作でも意識を間違えると効果がでない。治療が目的か、鍛錬が目的かで意識も動作も変化することに留意しよう。

症状によって動きを変えよう
- たまった疲れをとる＝伸ばすのみがよい
- 軽い疲れをとる＝伸ばして曲げる
- 腰を鍛錬する＝伸ばして、回して、曲げる

第七段錦　攢拳怒目増気力（ザンチュァンヌムゼンチリ）

拳を握って前に突き出す運動で気力を増進させる。

準備姿勢から左足を肩幅の2倍ぐらいに広げ息を吸いながら両腕を広げ、息を吐き沈みながら両腕を正面に降ろして馬歩とする。腕は自然に前に垂らす。**写真1、2、3、4**

両手を軽く握り、息を吸いながら胸の高さまで持ち上げる。**写真5、6**

息を吐きながら左拳を徐々に左斜め前に突き出す。右腕は肘を斜め後ろに引き、右拳を右肩に寄せる。このとき視線は左拳の先を見つめる。**写真7、8**（右肘をおとさないように）

❶　❷　❸ 吸う　❹ 吐く

5 吸う →

6

7 吐く →

8

第2章 楊名時八段錦

065

吸う

息を吸いながら両拳を胸前に戻し、ゆっくりと上に上げる。**写真9、10**

第2章 楊名時八段錦

吐く

拳をほどいて手を開き、息を吐きながら横に開き降ろし、もとの姿勢に戻る。**写真11、12、13**

067

左右逆にして右拳で打ち出す動作をひととおりおこなう。**写真１４〜２２**

14	15	16	17	18

吸う　→　　　吐く　→　　　吸う

最後は息を吐きながらゆっくりとヒザを伸ばし、右ヒザをゆるめ左足を戻して予備姿勢に戻り、立禅の姿勢で呼吸を整える。**写真 25、26**

25 息を吸いながらヒザを伸ばす

26 準備姿勢に戻る

吐く

動きのコツ： 打ち出した腕は同じ側のヒザ（大腿）の方向と揃えよう。馬歩の注意点は第二段錦と同じ。拳の握り方は太極拳と同様に握りすぎず萎えすぎず、打ち出したとき拳背は水平にする。"怒目"は注視と思えばよい。眉間に皺をよせたり怒った顔をしてはいけない。

経絡解説

拳を伸ばしながら肝経と胆経にアプローチする動き

肝の臓は目に反映するといわれる。また、肝は魂（ひとの本性を支える神気）を蔵し判断力や計画性などの精神活動をつかさどる。イライラやおどおどするのは肝の気の詰まりと考えられる。

「怒」は、勢いがある、力がこもること。拳を繰り出すと同時に目の奥を意識することで、肝を高揚させ、気力を増して気を全身に行きわたらせる。

ひとの脳活動はリラックスさせるだけでは正常にならない。そのために肝は昂ぶることも必要である。

この動作の効能は気力増進、肝気の流れを亢進し肺気を増強する。

脳内の精神活動は脳内ホルモンの働きでバランスがとれている。

興奮＝アドレナリン、

快楽（弛緩）＝ドーパミン、

覚醒＝セロトニン、

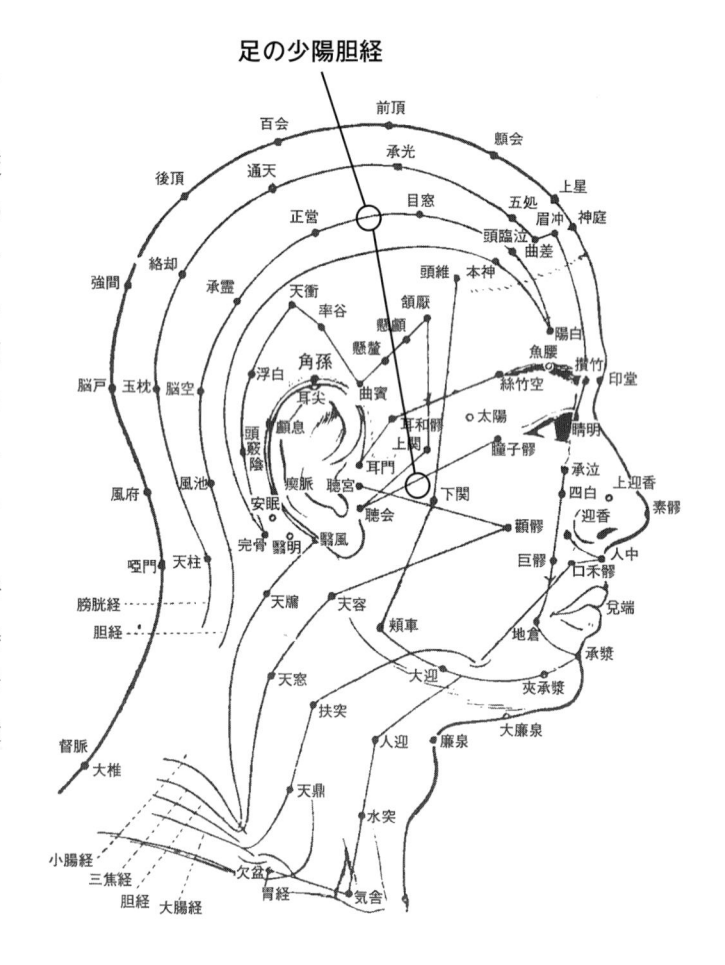

以上の３種の増減が心の変化を演出するといわれ、"肝の気の詰まり"はアドレナリンの亢進によってもたらされる症状と考えられる。それを制御する"怒＝昂ぶる"はセロトニン優位からなる覚醒。これは"静かなる昂ぶり"であり、弛緩＝リラックス（ドーパミン優位）ではない。禅の「静かななかに凛とした精神と姿勢を維持し、雑念を捨て思考を高める」ことと相通じる環境である。

第八段錦　背后七顛百病消（ベイホゥチテンバイビンシャオ）

つま先立ちからかかとを降ろしたとき身体を上に抜けていく振動で身体を整える。

準備姿勢から左足を右足に寄せ、少しだけ間隔をあけて置く。つま先は正面に向ける。**写真1**

腕をやや持ち上げて降ろし手のひらを下に向け押さえるようにする。息を吸いながらかかとを持ち上げ、バランスをとりながらさらに上げつま先立ちとなる。**写真2、3、4**

1

2　吸う

3 吐く ⟶

第2章 楊名時八段錦

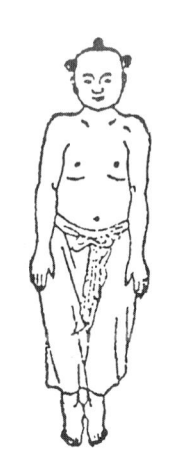

4 下腹と骨盤底に力を入れて、呼吸は自然に

　そのまま少し留まってから、息を吐きながら身体をゆるめかかとを床に降ろす。ソッと降ろすのではなく、適度な振動が身体に伝わるよう「トン」と降ろす（強く打ち付けない）。**写真5**

　この動作を3回以上繰り返す。

　最後に、かかとを降ろすと同時にヒザを曲げしゃがみ込み、軽く屈伸させても良い。**写真6**

5 吐きながらかかと降ろす

073

6、しゃがみ込んだところ

・かかとを持ち上げるとき、お尻を引き締め骨盤底筋を緊張させる。これは便秘や尿失禁、痔の防止に有効である。
・かかとを降ろしたときの振動は、軽く頭に伝わる程度が良い。古来この動作はかかと降ろしを4〜8回繰り返していた。強すぎるとよくないが、ある程度の振動が脊椎矯正や緊張緩和に役立つ。振動が強すぎるのはよくないが、首から脳に伝わる振動を軽減するために"奥歯を噛みしめながらおこなう方法"も伝えられている。

注意事項

　最後のしゃがみ込みは素早くおこなわないこと。また（お年寄りや男性に多い）足関節の硬いひとはしゃがみ込んだとき後ろに倒れ込みやすく、脚力の萎えたひとは靭帯を傷めやすいので注意すること。
　この動作には次の効能が期待できる：疲労回復、消化不良、血行促進、便秘、尿失禁の防止、痔の予防

経絡解説

　背中には膀胱経の上にすべての臓腑に対する兪穴（ゆけつ。背部にある経穴。気の入口、経気が反応する所で臓腑名に兪の字が付く。重要なツボである）がならんでいる。かかとを上げて落とし、振動をあたえることで、これらのツボの緊張を落とす動作である。

　「七」は回数の多さの比喩、「顚」はくだす、落とすの意。
　膀胱経の背部兪穴を意識する。とくに自分の弱い臓腑に対応する兪穴を意識したい。落とす回数は決まっていない。ゆるめるために必要なだけ落とせば良い。当然ながら、強く落としては逆効果。適度な振動がゆるみをうながす。
　最後にしゃがみ込むことで、起立筋と膀胱経をストレッチさせることで、全体のバランスをとることができる。

馬歩の効能

　馬歩で血流促進と血圧をコントロール

　血圧の上昇を抑えるためにもっとも簡単で効果的なのは腹式呼吸であるが、さらに高い効果を得るために馬歩を役立てよう。

　ふくらはぎは第二の心臓といわれるほど血流にかかわる部位である。その事実を巧くコントロールする方法が馬歩の基本。

　そのコツは二点
　（1）両足のつま先を正面に向ける。写真1、2
　（2）ヒザを前に出しすぎない。写真3、4
　（2）呼吸に合わせて身体を上下させる。写真5、6

❶
つま先を正面に向けた馬歩
少々辛いが健康効果は高い。爪先を開いた馬歩に比べ、爪先を正面に向けた馬歩は股関節の折り込みが深くなり、胯を緩めやすい。

❷
つま先を開いた馬歩
比較的楽な姿勢だが筋や血管への作用が少ない

両足のつま先を正面に向け馬歩の姿勢をとることで、足首が回内し下腿筋群がふくらはぎ内部の動脈を効果的に圧迫する。呼吸に合わせて身体を上下させることで動脈と静脈へのマッサージ効果を得ることができるわけだ。

　つま先を開いた馬歩とつま先を正面に向けた馬歩を比べると、つま先を正面に向ける方法は辛く、つま先を開いた馬歩のほうが楽に感じられる。しかし楽な方が良いといった安易な解釈は妥当ではない。つま先を正面に向けた馬歩のほうが血管内壁の活性窒素産生を促進しやすく、血管の柔軟性を高めて運動後の血圧降下を促進する。下髄の血流を押し上げるとともに股関節まわりの血流を止めず下肢から腹腔への血流を増進する。また下肢筋をよく鍛えることができて、転倒防止やバランス改善、ヒザの保護にも役立つ。同じ時間を費やすなら効果の高いとてもお得な方法である。

ここに気を配ろう

1、足の裏は柔らかく：湧泉のツボを意識して足裏全体が柔らかく床に着く状態をキープしよう。湧泉は足裏の中心より前の方にあり、第2、第3指骨の間後方、やや窪んだところ。

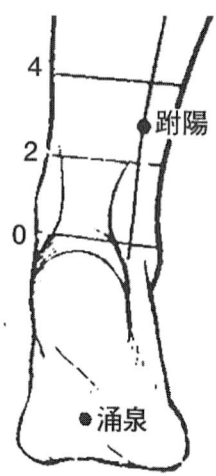

2、ヒザが前に出すぎないように。ヒザがつま先より前に出ないようにすることで、ヒザの負担は軽くなる。

　お尻を後ろに突き出さないように。収臀姿勢を使って体重をかかとに乗せることでヒザと腰に優しい馬歩となり、呼吸も深くなる。**写真3、4**

第2章 楊名時八段錦

3 ヒザを前に出しすぎた馬歩

4 ヒザが出すぎない正しい馬歩

・身体の上下運動を加えるとよりよい。辛くなりにくく、呼吸も深くなる。腕の上下、開合と合わせれば自然にできる。**写真5、6**

第3章
楊名時太極拳

楊名時太極拳

予備勢―十字手（yu bei shi shi zi shou）

並足立ちから、右足に重心を移し左足を肩幅ぐらいのところに置き、重心を真ん中に戻す。

第3章 楊名時太極拳

両手を外から上に開き上げ、額のやや上で交差させ顔前から胸前を通り、左右に分けてもとの位置に戻す。

12 右足に重心を移して少しだけ体を右にひねると、左ヒザが自然に前に出る

13 足を開いてから、右足のゆるみで左足のかかとを下す。

ヒント

重心を移すとき身体を少しだけ右にひねると左ヒザが自然に前に出る。そのままソッとヒザを持ち上げ、つま先が床を離れたら横に移動させ、軸になっている右足を緩めてつま先〜かかとの順に置き、続いて重心を中央に戻す。

足を閉じた立ち方を並歩、左右に肩幅ぐらい開いた立ち方を開立歩という。

並歩から開立歩への動きは、太極拳の歩き方の特徴がすべてそろった大切なもの。身体全体を使った滑らかなムダのない足の動きに慣れよう。それは太極拳全体をレベルアップする近道である。

1. 起勢（qi shi　動き出しの形）

動作の要素： 両臂前挙　屈膝按掌

両腕をゆっくり前から上に持ち上げる。

第3章　楊名時太極拳

手首が肩の高さに来たら、手首と肘、股関節、ヒザをゆるめゆっくり沈み中腰になる。このとき手のひらは下に押さえるようにみぞおちから腹前ぐらいに降りる。

初級：腕を上げるとき息を吸い、沈むとき息を吐く。
中級：体重の沈みと腕の沈みは調和して同時にできあがる。
上級：沈み込みと同時に収臀（注）となる。

ヒント

腕を上げるとき肩を上げないように。腕全体も力まず自然に。手指は自然に開き、伸ばしたり萎えすぎたりしない。

沈むとき体重はお尻からかかとに乗るよう意識する。ヒザだけ前に出さない。

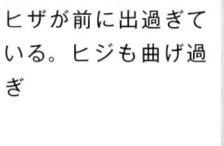

良くない姿勢
ヒザが前に出過ぎている。ヒジも曲げ過ぎ

正しい姿勢
かかとに重心をおき沈むとヒザは出過ぎない。
ヒジを曲げすぎないように。

（注）収臀： 太極拳身法要求のひとつ。背中の弯曲を平らにすること。
詳しくは『健康太極拳規範教程』を参照。

初級：沈み込みは肘とヒザが連動する。
中級：腕が上がった形は、肘が沈み手首は肩の高さ。腕を上げる途中、肘は先に止まり、手首は肩の高さまで上がる。これで腕が伸びきらない形となる。
上級：腕が上がるとき、肘、手首、指先と根節（注）に近いところから順番にとまって位置を決める。沈み込みは足首、ヒザ、股関節、腰、肩、肘、手首とゆるみが流れるように連動する。

（注）根節： 身体を三つの節に分ける考え方。先端を梢節、真ん中を中節、根本を根節と呼ぶ。詳しくは『新版 健康太極拳規範教程』を参照。

2. 野馬分鬃 (ye ma fen zong)

馬のたてがみを手入れする動き

動作の要素：抱球収脚、転体邁歩、弓歩分手、後座翹脚（後注）、抱球跟脚、転体邁歩、弓歩分手、後座翹脚、抱球跟脚…

左野馬分鬃

1、右手は小さく左手はやや大きめに反時計回りの渦を描いて、右手が上、左手が下でボールを抱える（注）。右手が右側から上にくるとき、右足はかかとを軸につま先を内に入れ斜めにする。身体は自然にやや斜め左に向く。左足を寄せる。

2、真横に向かって左足を出し、かかとから着地して、左ヒザをゆるめてゆっくり体重を左足に移し弓歩（注2）となる。

3

4

5

6

同時に両手をやや交差してから分けるように回し広げ、左手は顔前で手のひらを斜め上に向け、右手は右股関節斜め前あたりで手のひら下向き、指先は正面に向けて置く。

3、視線は手の動きより少し先行して進行方向に向く。

（注）ボールを抱える：抱球という太極拳特有の手法。腕全体を円く螺旋を描くように構えて両手のひらが上下に向き合う型。力を込めてはいけないが、萎えすぎるのも良くない。背中から腕全体に少しだけ外側に向かって張りを持つバネのような意識がほしい。両手の間隔は"片腕の手首から肘まで"の距離がめやすである。

第3章 楊名時太極拳

（注2）弓歩： 前側のヒザを曲げ、前7後ろ3の重心配分にした歩型。歩型全体の幅は肩幅程度、前後は3足半程度を標準に、体力にあわせて加減する。前後幅を広くとれば脚力鍛錬に有効だが、ヒザの負担が増えるので関節位置管理を慎重にしたい。前足のつま先は正面に、後ろ足のつま先は斜め前に向ける。

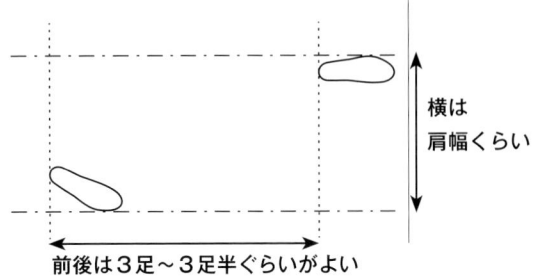

横は肩幅くらい

前後は3足～3足半ぐらいがよい

右野馬分鬃

4、後ろ足に体重を戻し、前足のつま先をやや上げて斜め外（30度ぐらい）に開いてから床につける。

5、ゆっくり重心を前足に移して、右足を左足脇に寄せる。左右の手はそれぞれ手のひらを返しながら弧を描いて胸の前で左手が上、右手が下でボールを抱えるようにする。視線は真横を見る。

6、右足を進行方向やや右前に出し、かかとから着地する。右ヒザをゆるめてゆっくり重心を右足に乗せ弓歩になる。

　同時に両手をやや交差してから分けるように回し広げ、右手は顔前で手のひらを斜め上に向け、左手は左股関節斜め前あたりで手のひら下向き、指先は正面に向けて置く。

左野馬分鬃

4〜6と同じように左右逆に動く。

初級：足を踏み出すとき、前足つま先を進行方向に置くようにしよう。一般に、つま先を開いて着地するのが自然な歩き方だが、太極拳はそれを意識的に前に向けるのが特徴。これが太極拳修得の第一歩。歩法は健康効果の要なのでよく理解しよう。

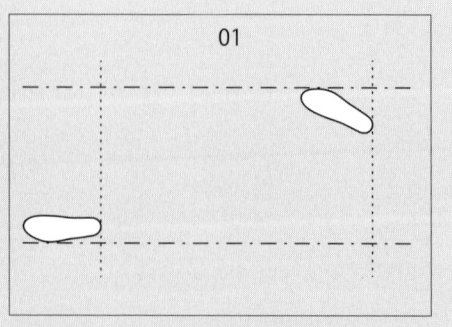

足を出すときつま先は正面に向けて置く。外に向かないよう注意しよう

第3章 楊名時太極拳

15　　　　　　　　　　16　　　　　　　　　　17

中級： 手の動きのできあがりと弓歩のできあがりを一致させよう。手の動く距離よりヒザの進む距離のほうが短いので、手の動きができあがる前に弓歩ができてしまっていることがよくある。動作のタイミングが合うように手と足の協調を練習しよう。

上級： 背中の姿勢を意識しよう。足を寄せたときに"収臀（しゅうでん）"、弓歩のときに"塌腰（とうよう・ターヤオ）"である（注）。　呼吸は足を寄せたとき"吸気"、弓歩になるとき"呼気"が基本だが、大原則は"呼吸自然"なので、意識しすぎるのはよくない。

(注) 収臀、塌腰：体幹部の姿勢を指すことば。"収臀"は腰椎弯曲が伸びた状態、"塌腰"は直立姿勢のように腰椎が弯曲している姿勢。

翹脚：重心を後ろに移しつま先を上げること。"筋トレ"的にはつま先をしっかり持ち上げることで前脛骨筋の鍛錬になる。しかし、重心ののらない虚側の脚は筋肉をしっかりゆるめることで血流、リンパ流が促進される。武術的な意味合いでは、つま先を上げることで重心も上がりやすく、また足裏をすくわれる危険性もある。太極拳的には「脚が後ろに引っ張られてつま先が持ち上がる」程度にするのがよい結果につながる。

"転ばない身体づくり"のためには、逆につま先を高く上げる方が効果的。用途によって使い分けたい。

ヒント

一歩目の弓歩

　二十四式太極拳では最初の弓歩になるときかかとを蹴り出すことで足の位置を調整していた。これは伝統拳のころはなかった使い方で二十四式太極拳になって便宜上なったもの。師家は普及のごく初期には伝統拳の方式で右足のつま先を先に内に入れておき、その後左足を踏み出して野馬分鬃の形としていた。やってみるとわかるが、この方法は簡単確実で優れものである。本書では、二十四式太極拳が右ヒザの負担が大であることに鑑み、一般的なかかと蹴り出しをやめて師家の当初の方法、伝統的でより健康的な歩法を良しとした。

　さらにおなじような条件となる"雲手〜単鞭"への足運びと"左右穿梭"の足運びも簡単かつ安全なものとしている。

日本は変形性膝関節症の多い国である。この改良（師家の旧法に戻したこと）によって、楊名時太極拳は今よりさらに弱者にやさしい健康法になるはずである。

一歩目の弓歩を比較する

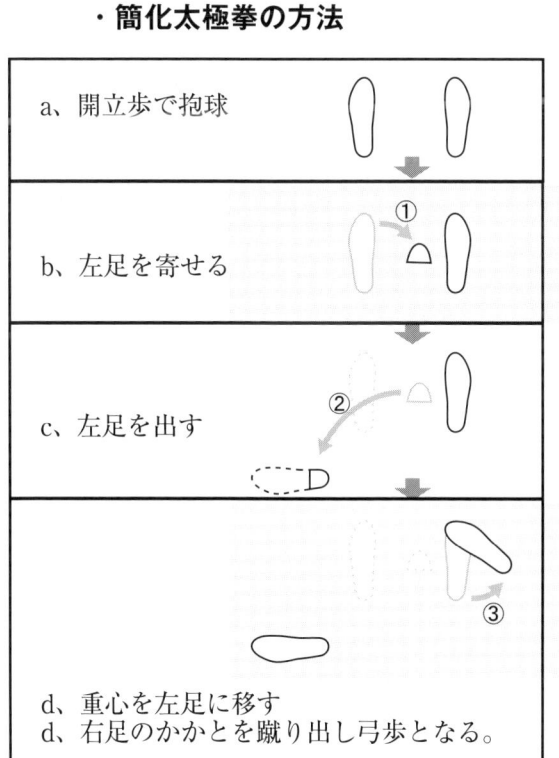

・簡化太極拳の方法

a、開立歩で抱球

b、左足を寄せる

c、左足を出す

d、重心を左足に移す
d、右足のかかとを蹴り出し弓歩となる。

一歩目の弓歩

・伝統拳の方法

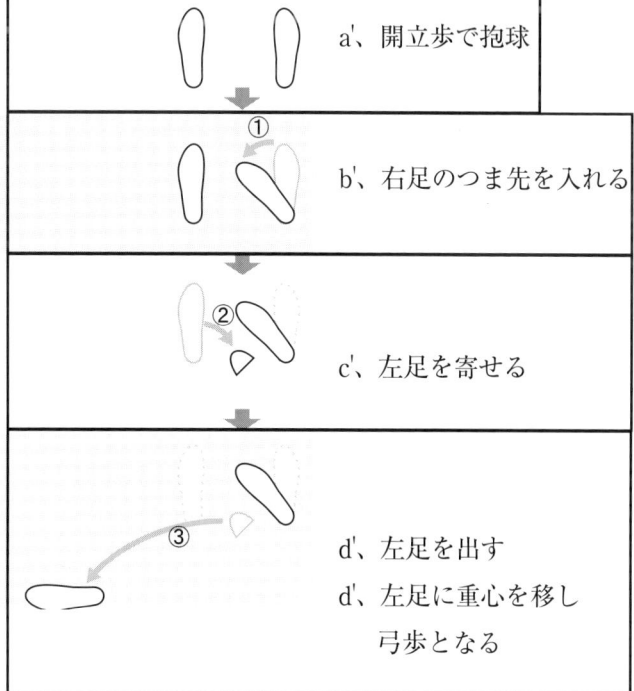

a'、開立歩で抱球

b'、右足のつま先を入れる

c'、左足を寄せる

d'、左足を出す
d'、左足に重心を移し弓歩となる

一歩目の弓歩

野馬分鬃の方向

　伝統拳の野馬分鬃は左右穿梭のように斜めに動作することもあった。師家も普及当初は斜めに進んでいた。簡化太極拳では、それを同じ方向に進むよう規定した。これは太極拳の門戸を広げるためであり、師家も普及が進むにつれて方向を統一している。

　もともとは相手のいる方向に技を使うのが原則で、相手が動けば方向もかわるのが当然。慣れてきたら多少の方向変化は使い分けられる練習もよいかもしれない。

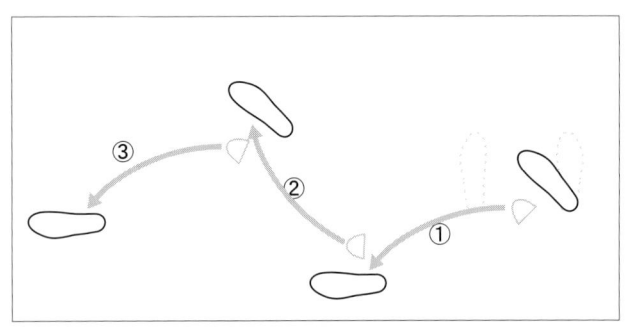

野馬分鬃　旧い方法は、斜めに動いていた。初心者にはわかりにくいので同じ方向に統一したが斜めに動いても間違いではない。

3. 白鶴亮翅 (bai he liang chi)

白鶴が羽を広げかけている形の動き

動作の要素： 跟歩抱球、後座転体、虚歩分手

1、左ヒザをゆるめてゆっくり重心を移しながら右足を左足に寄せ（注）つま先は斜め右に向けて置き、次にゆっくり重心を右足に戻し左足かかとを少し上げる。

2、そのまま左足を少し前に出し、虚歩（注2）の姿勢となる。

3、両手はいったん交差するように円を描いて、右手は右上、顔の横あたりで手のひらを内に向け、左手は左下の股関節斜め前に置く。右手が前に上がったとき、視線は右手を追い、できあがりと同時に正面に向く。両腕は曲げず、伸ばし切らず、弧形を保ち余裕を持たせる。

（注） 後ろの足を寄せる動作を"跟歩（こんほ・ゲンブ）"という。最初に右足を寄せる位置は両足間の半ばから左足脇までの間で適当に。もともとは後ろ足の内側を前足のかかとに打ちつけ前足を出す歩法のなごりでもある。太極拳では相手との間合いを調整する意味もあり、そのときには寄せ幅は調整に必要なだけ寄せ着地するのが基本。私たちが練習するとき、前のひとと距離を詰めたいときには大きく寄せ、距離を空けたいときには寄せる距離を小さくすればよい。標準的には歩幅の半分よりやや近くに寄せる。

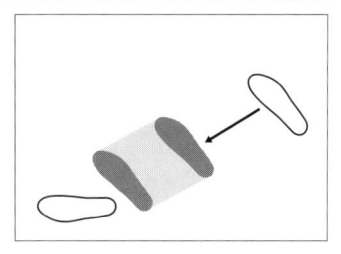

後ろを寄せる位置は半分より前。
もともと相手との間合い調整なので臨機応変が基本。

（注２）虚歩： 後ろ足のヒザを曲げ体重を６割程度乗せ、前足はヒザをややゆるめてつま先あるいは、かかとを着地させ他方を床から離す。次の一歩が前に出るときはつま先着地、後ろに下がるときはかかと着地となる。白鶴亮翅はつま先着地。全体の横幅は肩幅ぐらいで、後ろ足は斜めに置く。重心の配分は前４後６が基本で適時変化する。

虚歩

初級： 右足を寄せかかとを降ろすとき、足の方向に注意する。腕を伸ばしすぎないようにする。

虚歩の立ち方

第3章 楊名時太極拳

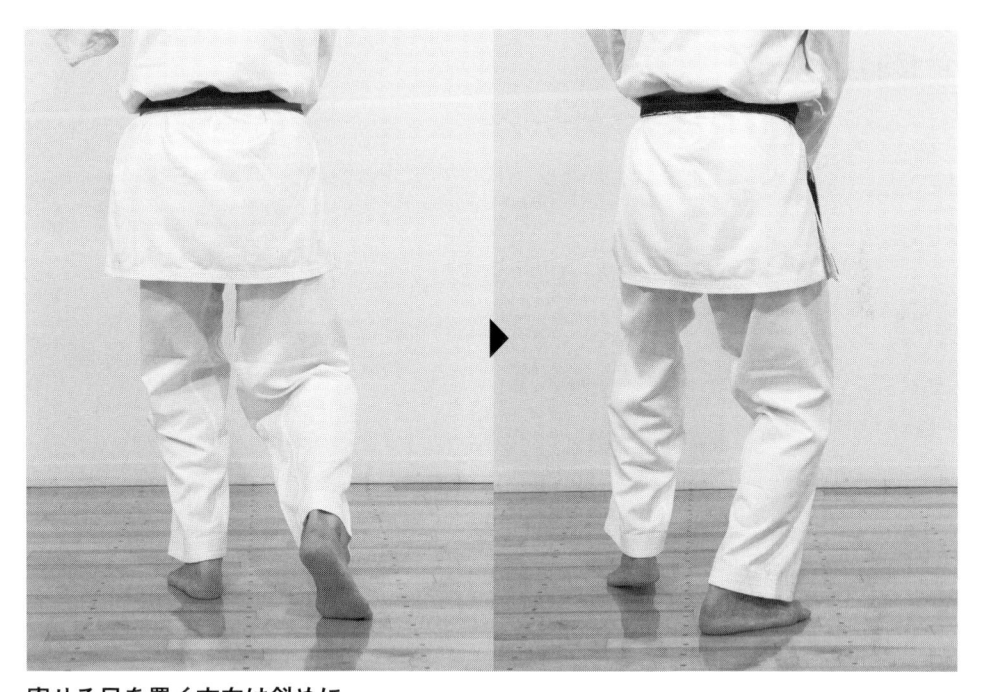

寄せる足を置く方向は斜めに

中級：右足を寄せるとき、右足で蹴って寄せないように。わずかな身体の左ひねりで右ヒザをゆるめ寄せる。右足に体重を戻すときはわずかな身体の右ひねりで戻す。

上級：右足を寄せ、右足に重心を戻し、左足を置きなおす歩法の端々で止まらず滑らかに、区切りが見えないようにおこなう。

4. 左右搂膝拗歩 (zuo you lou xi ao bu)

ヒザを払いながら進む動き

動作の要素：転体落手、転体収脚、邁歩屈肘、弓歩搂推、後座翹脚、転体跟脚、邁歩屈肘、弓歩搂推

左搂膝拗歩

1、身体のひねりとともに右手を前に出し、弧を描いて顔前から下を通って斜め右後ろに上がる。同時に左手は上から胸前に伏せ置く。視線は右横を見る。

第3章　楊名時太極拳

2、左足を進行方向に一歩踏み出し、かかとから着地する。

　右手を顔脇に寄せ顎前に進め、左手は腹前に押さえる。前足のヒザをゆるめゆっくり弓歩になる。同時に右手を顔の前に出し進めながら左手を横に払う。右手は顔前で手首を静め立掌となり、小指側がやや前に出て手のひらは少し左に向く。左手は手のひらを下にして指は正面を向き、左股関節の斜め横前を押さえる。視線は右手の動きに先行して正面を向く。

右摟膝拗歩

3、後ろ足に体重を戻し、前足のつま先をやや上げて斜め外（30度ぐらい）に開く。

4、つま先をゆるめ降ろしながらゆっくり重心を前足に移して、右足を左足脇に寄せる。左右の手はそれぞれ手のひらを返しながら弧を描いて、左手は斜め左後ろ、右手は胸前に伏せる。視線は左横を見る。
5、右足を進行方向に一歩踏み出しかかとから着地する。

　左手を顔脇に寄せ顎前に進め、右手は腹前に押さえる。前足のヒザをゆるめゆっくり弓歩になる。同時に左手を顔の前に出し進めながら右手を横に払う。左手は顔前で手首を静め立掌となり、小指側がやや前に出て手のひらは少し右に向く。右手は手のひらを下にして指は正面を向き、右股関節の斜め横前を押さえる。視線は左手の動きに先行して正面を向く。

左搂膝拗歩

3～5と同じように左右逆に動く。

初級：足を踏み出すとき、前足つま先を進行方向に置く。
中級：手の動きのできあがりと弓歩のできあがりを一致させる。
上級：弓歩のできあがりで塌腰、虚歩姿勢で収臀を意識する。

ヒント

この動作までは前進歩法の練習段階でもある。弓歩ができあがったときの姿勢バランスを、この段階でよくチェックしておこう。歩型の横幅は、野馬分鬃と搂膝拗歩は肩幅ぐらい、あとに出てくる単鞭は肩幅よりやや狭いのが基本。

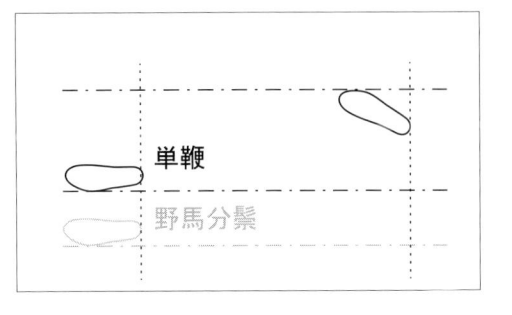

翹脚：弓歩から次の歩を進める前にいったん後ろ足に重心を戻して前足のつま先を開く。この"つま先を開く"動作が"翹脚（ぎょうきゃく）"である。一般に「斜め45度に開く…」といわれるが、師家の"翹脚"は開き方が少ないのが特徴である。ビデオ映像でも「ほとんど開いたかわからない」程度に動くところが残されている。この動き、実際には伝統太極拳の特徴ともいえるものであるが、簡化太極拳の普及につれて体操的動作が一般化し、ほぼ忘れ去られた歩法である。しかしこの歩法、脚力にたよらないでバランスよく太極拳を動く極意でもある。詳細は『健康太極拳規範教程』で解説しているのでそちらを参照されたい。少し大げさだが、師家が残した遺産ともいえる。できれば私たちで伝承したい。

師家はつま先の開きが少なかった。腰の転動を使わないとできない歩法であり、学習目標としたい

5. 手揮琵琶 (shou hui pi pa)

琵琶をかかえる形の動き

動作の要素： 跟歩鬆手、後座挑掌、虚歩合臂

　左ヒザをゆるめてゆっくり重心を移しながら右足を左足に寄せ、つま先は斜め右に向けて置き、つぎにゆっくり重心を右足に戻し左足のかかとを少し上げる。

　そのまま左足を少し前に出し、つま先を上げかかとを着地して虚歩の姿勢となる。

第3章　楊名時太極拳

　同時に左手を右に振ってから上げ顔の前に。上げた手のひらは右に向け手首と肘を沈め、右手は左肘の内側にそえ手首と肘を沈める。腕は円く構えながらもってくること。視線は正面、左手の先を見る。

4 左手を下げる 　　**5** 左手を上げる 　　**6** 両肘を沈め　琵琶を抱える

初級：右足を寄せかかとを降ろすとき、足の方向に注意する。
中級：右足を寄せるとき、右足で蹴って寄せないように。わずかな身体の左ひねりで右ヒザをゆるめ寄せる。右足に体重を戻すときはわずかな身体の右ひねりで戻す。
上級：腕の動きは身体の旋転でおこなうように意識する。手首、肘を沈めるときは下肢をゆるめて身体全体が沈むように。

ヒント

翹脚：かかとを地につけつま先を上げる虚歩姿勢になるが、このときつま先を上げすぎないようにしたい。虚歩姿勢でも両足のバネで体重をゆるめ支えるようにやわらかく支えたい。このような下肢使いが血流を促進し健康法としての効能を増してくれる。

虚歩のつま先
上げすぎ

虚歩のつま先
自然

6. 左右倒捲肱（zuo you dao juan gong）

腕を巻き込みながら後ろに歩を進める動き

動作の要素：転体撤手、提膝屈肘、退歩錯手、虚歩推掌

左倒捲肱

1、両腕をゆるめながらわずかに降ろし、両手のひらを返しながら左手は前、右手は腹前を通って右肩のやや後ろに広げ上げる。視線は右真横を見る。

第3章 楊名時太極拳

2、右腕は止まらずに顔の脇まで寄り、同時に左足を軽く上げ右足の脇を通って半歩後ろのやや左外側につま先を降ろす。

3、右手を顎前に降ろしながら左足のかかとを降ろし、ゆっくりと重心を後ろに移すと同時に身体を左にひねりながら右手を前に出し、左手は手のひらを上に向けて腹前に収める。このとき重心が移るとともにやや身体を沈め、前の足先を正面に向ける（注）。

右倒捲肱

4、両腕をゆるめながらわずかに降ろし、両手のひらを返しながら右手は前、左手は腹前を通って左肩のやや後ろに広げ上げる。視線は左真横を見る。

5、左腕は止まらずに顔の脇まで寄り、同時に右足を軽く上げ左足の脇を通って半歩後ろのやや右寄りにつま先を降ろす。

6、左手を顎前に降ろしながら右足のかかとを降ろし、ゆっくりと重心を後ろに移すと同時に身体を右にひねりながら左手を前に出し、右手は手のひらを上に向けて腹前に収める。このとき重心が移るとともにやや身体を沈め、前の足先を正面に向ける。

左倒捲肱

1～3と同じように動く。

右倒捲肱

4～6と同じように動く。

初級：後ろに引いた足の置き場所に注意しよう。少し外に置くと次の姿勢が安定する。

後ろに出す足をクロスさせないように

中級：両手がすれ違って前後するところは、身体の旋転で手が動くように。腕の伸縮でおこなわないよう注意したい。

上級：下の手を腹前に引き込む動作を丁寧に。腹前に収まるとき、両ヒザをゆるめて身体が沈み込み、次の動作に続くように動きたい。

（注）足先の方向をかえる：後ろに重心が乗ったとき、形は虚歩と同じで前足は全面着地となる。最初の動作なら右足のことだが、もともとつま先は斜め右に向いた姿勢であるから、動きにつれて後ろに退いた左足に重心が移ってから右足の方向を変えることになる。方向の変えかたは、足先の方向をかえるか、かかとを外にすべらせるかの2種類がある。これはどちらが容易か…ではなく、歩の進め方によって使い分ける。後ろに退いたつま先を内に入れて横幅が狭めの虚歩になる場合は、つま先を中心にかかとを外に滑らせる。逆に、退くときにつま先を外側に置いて横幅が広めの虚歩になるときは、かかとを中心につま先を内に入れて調整する。ちなみに、師家の動きはとても曖昧であるが、できあがった歩型はつま先が正面より内に入った平行歩（川字歩ともいう）に近かった。

両脚が平行に近い師家の歩法。伝統拳の方法で、上下相随が難しい

ヒント

退歩と梅花歩：退歩は退いた足をかかとが直線上に並ぶように置く歩法（図左）。前足つま先はかかとを動かして修正する。

梅花歩は退いた足が外に向かって円を描く歩法（図中）。退く足の軌跡が梅の花の輪郭を思わせるのでこの名がついた。前足はつま先を内に入れて修正する。

師家の歩法はどちらかといえば梅花歩に近い要素が濃かった。これも伝統太極拳の要素である。

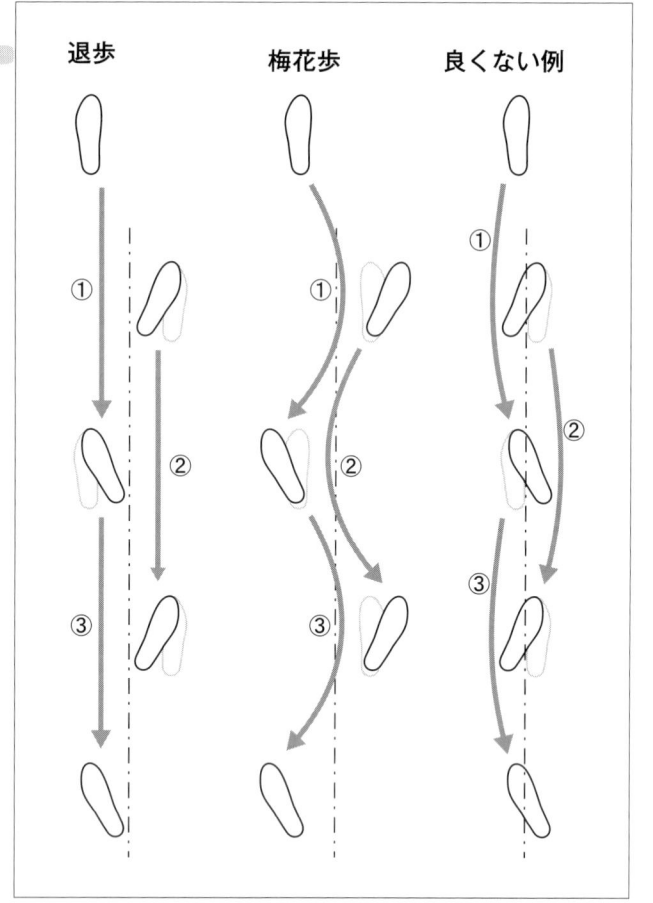

退歩はかかとの着地点がそろう
梅花歩は退く足が円く外にむかう

一直線に退くのは安定せずヒザの負担も大きい。

トピック

タメ：楊名時太極拳の倒捲肱は、腕を巻き込む動きのまえに両腕をいったんゆるめ寄せる動作が特徴的である。これは両手のひらを返す動作のいわゆる"タメ"の部分といえるもので、用法的には化勁（注）の表現のひとつ。楊名時太極拳固有ではなく陳式や楊式の伝統太極拳の倒捲肱にも見られる動きである。師家は普及につれて極意的な"タメ"を大きくわかりやすい表現に簡略化している。太極拳の訓練は、初心者レベルではなるべく大きく、習熟するにつれて小さくまとめるのが基本。上級者はこの点を良く理解して、大きな動作から"タメ"に戻すことも技量向上の手段になるだろう。

（注）化勁：相手との接触点のわずかな圧力を利用して相手の攻撃力をそらし無力化する技法。太極拳の動きでもっとも重要なポイントであり、動作の目的でもある。太極拳の動きが心と身体によいのは化勁を目的とするからである。

7. 左攬雀尾 (zuo lan que wei)

鳥の尾のかたちに手を合わせる動き

動作の要素： 転体撤手、抱球収脚、邁歩分手、弓腿掤臂、転体伸臂、転体後捋、転体搭手、弓腿前擠、後座収掌、弓歩按掌

1、身体を右にひねりながら右足に重心を移し、左足を寄せる。同時に両腕を反時計回りで動かし、右手は手のひらを下向き、左手は上向きでボールを抱える姿勢となる。

117

2、左足を前に出し、ゆっくり重心を左足に移して弓歩にする。同時に両手を分け開き左手は胸前に弧形を保って払い出し、右手は右股関節の斜め前横で手のひら下向きに置き指先は進行方向に向ける。

3、身体をやや左にひねりながら、左腕を手のひらを下に向けながら前に伸ばし、両手を腹前に収めながら身体の旋転と重心の移動で時計回りに小さな円を描く。

4、右手の手のひらを返し、重心を右足に移しながら右手は腹前から斜め右後方に上げ、左手は手のひらを内に向けて胸前に水平に置く。右手は円を描いて顔の脇から顎前を通って左手首の内側に合わせる。

5、重心を左足に移しながら身体をやや左に向けて弓歩とする。両腕は胸前で合わせて重心の移動とともに前に出す。

6、合わせた両手を、手のひらを下に向けながら肩幅ぐらいに開き分け、右足をゆるめ重心を後退させながら両手を胸前から腹前に弧を描いて収める。重心の移動とともに前足のつま先を少し上げる。

両手を胸前に上げながらゆっくり弓歩に戻り、両手のひらを前に向ける形となる。

初級：前の手を払い出すとき腕を伸ばしすぎないように注意しよう。特に肘が伸びきらないよう意識して動きたい。

中級：手の動きは身体の旋転でおこなう。特に腹前で小さな円を描く動きを、手で回さないように腰の転動で回そう。虚歩姿勢で両手を腹前に収めるとき、前足のつま先を上げすぎないこと。

上級：身体の転動と手の動きの協調を保つこと。たとえば、手を重ねて前に出すとき、弓歩が先にできあがってしまわないように、上下肢の動きを協調させる。

抹掌：腹前で両手が小さな円を描く動きのこと。手のひらを下に向けてなにかを撫でるような動きである。この動き、倒捲肱の"腕を巻き込む動き"と同様に"タメ"に分類される。これも普及につれて大きく単純に変化してきた動作である。もとは手の動きでない腰の転動からでる化勁の表現であり、見えるか見えないかわからないのが本質。師家の古い映像を子細に見ると、そのところがよく理解できる。

扣脚と擺脚：つま先を内に入れる動作を扣脚（こうきゃく）、逆に外に向ける動作を擺脚（はいきゃく）という。もともと師家の太極拳では左攬雀尾に入る動きでボールを抱えるとき右足のつま先を外に開いて正面に向け、分け開き弓歩になるときに、もとに戻すためにかかとを滑らせて修正していた。これは高度な技で、正確にできれば動作効率がよい。しかし難易度はとても高い。リスクは下肢関節の位置関係（関節アライメント）が狂いやすいこと。これによってヒザ故障のリスクがぐっと高まる。広く普及をめざす健康法としては、このようなリスクは避け、なるべく扣脚と擺脚を少なくするのを良しとしたい。これには別のメリットも生じる。それは扣脚と擺脚を少なくして、同じ幅度の動きを腰のひねりでカバーすることになるからだ。これによって、体幹旋転が多くなり、呼吸は深くなり、血管やリンパへの働きかけが増幅され、内臓へのマッサージ効果も増える。また、動きの要素が少なくなるので套路学習もラクになる。

師家はこのように難しい動きをしていたが、関節位置関係の調整がむつかしいので修正しない方法を良しとしたい。

8. 右攬雀尾 (you lan que wei)

動作の要素： 転体扣脚、抱球収脚、邁歩分手、弓腿掤臂、転体伸臂、転体後捋、転体搭手、弓腿前擠、後座収掌、弓歩按掌

1、身体を大きく右にひねりながら右足に重心を移し、左足のつま先を内に向ける。

2、転体とともに両手は円を描いて右に動き、再び左足に重心を移しながら右手は下に、左手は上でボールを抱え、右足を寄せ左足脇に置く。

3、右足を前に出し、ゆっくり重心を右足に移して弓歩にする。同時に両手を分け開き右手は胸前に弧形を保って払い出し、左手は右股関節の斜め前横で手のひら下向きに置き指先は進行方向に向ける。

4、身体をやや右にひねりながら、右腕を手のひらを下に向けながら前に伸ばし、両手を腹前に収めながら身体の旋転と重心の移動で反時計回りに小さな円を描く。

5、左手の手のひらを返し、重心を左足に移しながら左手は腹前から斜め左後方に上げ、右手は手のひらを内に向けて胸前に水平に置く。左手は円を描いて顔の脇から顎前を通って右手首の内側に合わせる。

6、重心を右足に移しながら身体をやや右に向けて弓歩とする。両腕は胸前で合わせて重心の移動とともに前に出す。

7、合わせた両手を、手のひらを下に向けながら肩幅ぐらいに開き分け、左足をゆるめ重心を後退させながら両手を胸前から腹前に弧を描いて収める。重心の移動とともに前足のつま先を少し上げる。

8、両手を胸前に上げながらゆっくり弓歩に戻り、両手のひらを前に向ける形となる。

9. 単鞭 (dan bian)

鞭のように片腕を使う動き

動作の要素：転体扣脚、鉤手収脚、転体邁歩、弓歩推掌

1、左ヒザをゆるめて左足に重心を移しながら、身体を回して左に向き、同時に右つま先を大きく内に入れる。両手は身体の旋転とともに左に移動する。

2、右足に重心を戻し、左足を右足脇に寄せる。同時に右手は反時計回りに円を描いて鉤手をつくり正面よりやや右に置く。左手は腹前から円く動いて手のひらを内向きにして右腕に寄る。

3、身体をやや左にひねりながら左足を前に出す。

4、重心を前に移して弓歩となりながら、左手のひらを外に向け回し左手を進行方向（左足の方向）に押し出す。右手の鉤手は真横のやや後ろで動かさない。

弓歩単鞭

初級：右のつま先を内に入れるとき、なるべく大きく入れるようにしたい。
中級：単鞭は骨盤の水平が失われやすいので、弓歩になったとき後ろ股関節の高さに注意しよう。
上級：鉤手の高さは弓歩の後ろ足と同調する。すなわち、弓歩の後ろ足が伸びれば鉤手の腕は後ろに伸び気味になる。後ろ足が伸びきらないときは鉤手は近く高い位置になる。これで右手と右足のモーメントアームが揃いバランスが整う。

ヒント

鞭：単鞭は左手を鞭のように使う技。なぜ鞭かといえば、しなやかで長い鞭のどこが当たるのかわからない、繰り出される左腕のどこに力点があるか釈然としないからだ。つまり、繰り出される左腕のどこが力点になっているか自由に想像して良いわけだ。たとえば繰り出す左手の手のひらを返すタイミング。師家は比較的はやくから手のひらを返し出すことが多かったが、いろいろなタイミングで試してみるとよいだろう。どれも間違いではないし、これが正解だ…と断言することもできない。「捨己従人」の意味はここにある。

転身（転体）の歩法

　転身の歩法は２種類ある。違いは手順の多少と難易度。前述の説明では手順の少ない方法を示した。もうひとつは、前段階で左足のかかとを内に入れる動作を加える方法である。両者を図で比較しよう。

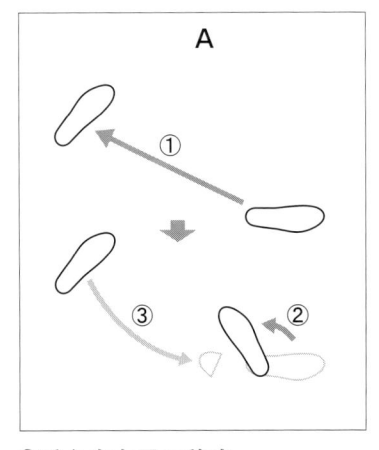

A
①重心を左足に移す
②右足つま先を入れながら転体する
③右足に重心を移し右足を寄せる

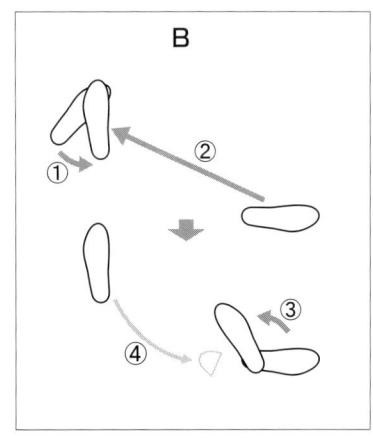

B
①左足のかかとを内に入れる
②重心を左足に移す
③右足つま先を入れながら転体する
④右足に重心を移した足を寄せる

　Ｂの方法は師家が良く使っていた方法であるが、安易なやりかたでは左のヒザとつま先の方向が合わず、しかもそれに気づきにくい特性のある難易度の高い方法である。そのことをよく知って使い分けるか、一般的には関節動作の健全さを考慮してＡの方法を基準としたい。

10. 雲手 (yun shou)

雲をかき分けるように手を動かす動作

動作の要素：転体扣脚、転体撑掌、転体雲手、撑掌収歩、撑掌出歩

1、右のヒザをゆるめて重心を右足に移しながら身体を大きく右にひねる。同時に左足つま先を90度内に入れる。左手はゆるみ下がり転体とともに腹前から右真横で顔の高さに移動し、右手は鉤手をゆるめほどき、手のひらを下に向けて円を描いて斜め右下に降りる。

第3章　楊名時太極拳

2、続いて重心を左足に移しながら身体を大きく左にひねり、両手は転体とともに左に移動して右手は腹前から左真横に円を描いて動き、手のひらを内に向けて顔の高さに上がる。

　左手は手のひらを下に向けながら弧を描いて左下に降りる。転体とともに左足が軸となり右足を左足わきに平行に寄せる。

133

3、重心を右足に移しながら身体を大きく右にひねる。両手は転体とともに右に移動して左手は腹前から右真横に円を描いて動き手のひらを内に向けて顔の高さに上がる。右手は手のひらを下に向けながら弧を描いて右下に降りる。重心の移動とともに左のヒザをゆるめ前に出し左かかとを上げる。

4、左足を真横に一歩踏みだしつま先から着地する。

5、続いて重心を左足に移しながら身体を大きく左にひねり、両手は転体とともに左に移動して右手は腹前から左真横に円を描いて動き手のひらを内に向けて顔の高さに上がる。左手は手のひらを下に向けながら弧を描いて左下に降りる。

6、転体とともに左足が軸となり右足を左足脇に平行に寄せる。

　3～6と同じように動き、最後に右足を寄せるときつま先を斜め内に向けて置く（次の動作の準備）。重心を右に移しながら身体を右にひねり正面に向け、左足のかかとを上げ、両手は転体とともに動き右手は顔前にくる。右手と視線は正面に戻る。

初級：視線は上の手の動きを追う。
中級：真横から反対の真横までしっかりと身体をひねり、右股関節と左股関節の2本軸を使い分ける。
上級： 右足を寄せるとき、身体のひねりと右脚のゆるみでかかとを浮かしヒザを落とす。

最後に右足を寄せ斜めに置くことで、次の単鞭で後ろ足を蹴り出さなくてすむ。これも軸足のヒザにやさしく、腰がひねりやすくなる健康的な歩法である

ヒント

　足を寄せるときの"かかとの浮きとヒザの落ち"は雲手の横歩きだけでなく前進歩法でも同じように使われるもの。太極拳で足を寄せるときは、けっして足で蹴るようにして寄せてはいけない。ゆるみで寄せることによって、かかとが浮きヒザが落ちた瞬間に静脈の拡張が最大になる。これによって、この脚が次に体重を支えたとき、血管のミルキングアクション圧力が増え、血流増進効果が高まる。

さし足とまたぎ足

　雲手の横歩き、師家の歩法はヒザを持ち上げぎみに横に出す歩き方だった。これはまたぎ足の歩法で、流派によってはヒザを股関節の高さまで持ち上げることもある。これとは別に、かかとを上げただけでつま先をほとんど上げず横にスライドさせるように出す歩法もある。こちらは"さし足"の歩法。これらは用法の違いであり、武術的にはその時々で状況に合わせて選ぶべきものだ。武術的な用法はさておき、健康法としてどちらが良いかといえば、ヒザを持ち上げるために腸腰筋を使う"またぎ足"がバランス能力改善効果で一歩リード。ただし"さし足"は軸足（右足）が沈むときのエキセントリック収縮が強力に作用するので、場合によっては両者甲乙つけがたい。たとえばこれが血流促進のためとなると"さし足"のほうが足全体をゆるめやすく静脈の拡張性からくるミルキングアクションの効率で一歩リード。"またぎ足"はヒザを持ち上げるために筋力を使うことが足を引っ張る。といったぐあいに実際どちらも甲乙つけがたい。

　ヒザを持ち上げる場合は"つま先"を上げたり下げたりせず、ただゆるんでいるだけにすることも肝心。これは意識されにくい問題である。ヒザを持ち上げることで左足に緊張が残るなら"さし足"の歩法を使ったほうが良いかもしれない。
"またぎ足"の歩法でいえることは、倒捲肱の後ろ歩き歩法にもそのまま当てはまる。こちらもヒザを持ち上げるなら、ヒザから下を十分にゆるめるよう意識したい。

さし足　　　　　　　　　　　　師家のまたぎ足歩法

11. 単鞭 (dan bian)

鞭のように片腕を使う動き

動作の要素： 転体鉤手、転体邁歩、弓歩推掌

1、右手を、反時計回りに円を描いて回し鉤手をつくり正面よりやや右に置く。左手は腹前から円く動いて手のひらを内向きにして右腕に寄る。同時に左足を寄せる。

2、身体をやや左にひねりながら左足を前に出す。

3、重心を前に移して弓歩となりながら、左手のひらを外に向け回し左手を進行方向（左足の方向）に押し出す。右手の鉤手は真横のやや後ろで動かさない。

師家の単鞭は鉤手の位置が高かった。これは伝統呉式太極拳の風格を残す形で、後ろのヒザを伸ばさないのと対でバランスを保つ。

後ろ足が伸びる弓歩では、鉤手は肩の高さでやや後ろに位置する。
　四肢のバランス配分の問題で、両者に優劣はない。

12. 高探馬 (gao tan ma)

背の高い馬のたてがみに手を伸ばしてつかむ動き

動作の要素：跟歩鬆手、後座翻掌、虚歩推掌、穿掌提脚

1、左ヒザをゆるめてゆっくり重心を移しながら右足を左足に寄せる。同時に鉤手をほどき両腕をややゆるめ下げる。

2、続いてゆっくり重心を右足に戻し左のかかとを少し上げる。同時に両手は手のひらを上に向けながら広げ上げる。このとき視線は右横を見る。

3、右手を顔の脇から顎の前に手のひらを下に向け押さえ、左足は少し前に出しつま先を着地して虚歩の姿勢となる。身体を左にひねりながら右手を前に差し出し、左手は手のひらを上に向けたまま腹前に収める。視線は前方を見る。

4、身体を右にひねり戻しながら左手を手のひら上向きのまま右手首の上に差し出し交叉させ、左手を手のひら下向きに返しながら再び身体を左にひねりながら両手を分け開く。同時に左足のヒザを持ち上げる。

初級： 前に出すとき腕が伸びないように注意しよう。
中級： 左手を腹前に収めるとき、肘を後ろに引かない。
上級： 身体をひねるとき、脚（特に右）のヒザが左右に動かないように。

良くない例（右ヒザが内に入る）

ヒント

　虚歩姿勢で身体をひねる動きではヒザを柔らかく使いたい。ただし、柔らかくといっても"上下に柔らかく"であって左右に動かしてはいけない。左右に柔らかく動くのは腰、上下のバネは脚、ヒザはヒザ頭の向く方向に前後するのみである。

　もともとは相手の拳打に対する防御〜攻撃への合わせ技だが、馬の鞍とたてがみをつかみ鐙に足をかける動きに似ることからこの名になった。最後の提脚は蹴り足、またぎ足、次の動作の準備などをふくむ。

13. 右蹬脚 (you deng jiao)

右足で踏みつける動き

動作の要素：邁歩分手、弓腿抱手、跟歩合抱、提膝分手、蹬脚撐臂

1、両手を開き分けるように回し下げ、左足をその場につま先をやや開いて降ろす。

2、着地したら左ヒザをゆるめ曲げて重心を移し、両腕を腹前に寄せる。身体は斜め左を向く。

**左足降ろしつま先着地、
両腕をやや降ろす**

3、右足を寄せながら、両手を右手を外にして交差させ胸前に上げる。
4、右のヒザを上げながら両手を分け開く。

5、右のかかとを前に蹴りだしながら両腕を開き、手のひらを外に向けながら右手は進行方向（右足を蹴り出した方向）に、左手は斜め左後ろに向かって張り出す。張り出した腕は伸ばしきらない。

初級：両腕を寄せたとき、腕全体を円く収める。肘を伸ばして両腕のあいだを狭めないように。寄せた手は握らない。

中級：手のひらを返しながら腕を開くとき返しが唐突にならないように、滑らかに連関させる。

上級：寄せ足のとき、身体の左旋転をうまく利用する。最後に分け開くとき、左腕が右腕右足のバランスをとるように意識する。

ヒント

　蹴り出した足はヒザの高さから腰の高さまで体力に応じて適時調整する。もともとは相手のヒザの上に乗る技からきており、高く上げる必要はない。

　師家はできあがりの姿勢で軸足側の腕をやや上げ気味にしていた。これはバランス表現で、やや上に上げるか少し後ろにもっていくことで手足がそろって上がる蹴り足側とのバランスがとりやすい。

師家の蹬脚。師家は後ろの手がやや高いことが多かったが、これも虚実のバランス。背式にならなければやや後ろに伸ばしてバランスをとるのも良い。

　片足立ちのバランスをとることは、太極拳好きにとって永遠の課題である。バランス良くできれば見栄えがよくなるのは当然のこと。ただしこれがプレッシャーになるようでは本末転倒。しっかり立つことに神経を使うのなら、ラクをしてうまくこなせるように工夫するほうが太極拳的である。たとえば、両腕を分け開いてバランスを落ち着かせてから、おもむろに右足を蹴り出すようにするとうまくできることがある。動作に時間をかけて落ち着くことが、なにより太極拳的で健康にもよい。身体も神経も頑張りすぎるのはよくない。

14. 双峰貫耳 (shuang feng guan er)

拳の峰で耳を穿つ動き

動作の要素：収腿落手、邁歩分手、弓歩貫拳

1、右足のヒザから下をゆるめて垂らし、両手は手のひらを上に向けながら顔前に寄せヒザのあたりに降ろす。

2、右足を前に出し、両手は拳をつくりゆっくり回内させながら腰脇から外に回しだす。

3、右足に重心をのせ弓歩になりながら、両拳を顔前で挟み込む。

　両拳の間隔は顔幅ぐらいで、両拳の峰が正対する。このとき肘は外に張らないように丸みをたもってやや沈める。視線は両拳の間を抜ける。

初級：拳は握りすぎないように。

中級：拳を握りながら開き出すとき、両手の動く軌跡が上下左右きれいな螺旋のつながりにしよう。できあがりの姿勢で肩が上がらないこと。

上級：最初に右足のヒザから下をしっかりゆるめること。続く動作（拳を回し出しながら右足を踏み出す）は左足の沈勢をうまくつかうこと。

ヒント

　拳は握りすぎないように。開こうとする拳を親指が押さえる意識で。

　肘は沈めて、横に張らない。

15. 転身左蹬脚 (zhuan shen zuo deng jiao)

転身に左踵を蹴りだす

動作の要素：転体扣脚、収脚合抱、提膝分手、蹬脚撑臂

1、重心をゆっくり左足に移し、左に身体をひねるとともに右足のつま先を内に入れる（90度以上、できれば135度ぐらい）。

3、両手を上げ分け開きながら左のヒザを上げる。

4、左のかかとを前に蹴り出しながら、両腕を開き、手のひらを外に向けながら左手は進行方向（左足を蹴り出した方向）に、右手は斜め右後ろに向かって張り出す。張り出した腕は伸ばしきらない。

　この動作も、９、単鞭とおなじ転身の歩法であり、古くは左足かかとを入れる動作であった。この部分も９、単鞭と同様に関節動作の安全性を勘案し、この歩法とした。

ヒント

蹴り足の方向

　双峰貫耳をはさんで右蹬脚と左蹬脚は正反対（180度）の方向に足を出す技である。蹴り足方向を斜めにとる流派もあるが、正面とその対面のほうがずっとわかりやすい。効能的にも差はない。

16. 左下勢独立 (zuo xia shidu lì)

沈み込みから立ち上がる動き

動作の要素：収腿鉤手、蹲身俯歩、転体穿掌、弓腿起身、提膝挑掌

1、左足のヒザから下をゆるめ垂らし、かかとを外に回しながら右足脇に降ろす。身体をやや右にひねりながら右足のつま先を少し開き、右手は鉤手にして左手を円くして右腕に寄せる。

2、右ヒザを曲げてしゃがみこみながら左足を左横に、つま先を横に向けて伸ばし出す。

3、身体を左にひねりながら右手の鉤手をほどいて回し降ろし、同時に左手を進行方向に左足にそって出す。左のつま先を開きヒザを曲げてゆっくり重心を左足に移し弓歩となり、身体を立てる。

4、左のつま先をやや開き、しっかり重心をかけて立ち上がり、右ヒザを上げて独立歩となる。左手は押さえるように下に降ろし腰の脇に、右手は身体の脇から顔の前に弧を描いて跳ね上げるように出し、指先を目の高さまで上げる。

初級：しゃがみ込むときお尻を突き出さないように。
中級：蹬脚のバランスとおなじで、しゃがんで出す脚と鈎手の手がやじろべえのようにバランスをとる。
上級：しゃがみ込みから転体〜独立歩と淀みなく滑らかに動く。ストロークの切れ目を感じさせないように動こう。

ヒント

　写真1の動作で最初に左足を降ろして右足を開くとき、つま先を開く、かかとを入れる、この二方法を自由に使い分けたい。本来、降ろした左足が右足から離れていればかかとを内に入れ、右足のそばにおりたなら右足のつま先を開くように、その時々の状態にあわせて変化すべき歩法である。前後のひととの間合い調整にも使える技である。

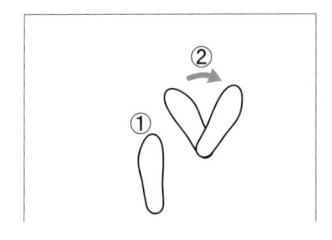

間隔をあけたいときの歩法

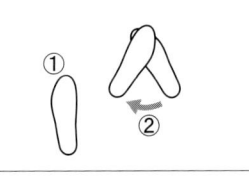

間隔をつめたいときはこちらを

第3章　楊名時太極拳

弓歩の後ろ足はなるべく前に向ける。

立ち上がったとき、体はやや左に向きバランスをとる。

体が正面を向く　　　　　　　　**手が上がりすぎる**

どちらも良くない姿勢

17. 右下勢独立（you xia shidu lì）

沈み込みから立ち上がる動き

動作の要素：落脚鉤手、蹲身俯歩、転体穿掌、弓腿起身、提膝挑掌

1、右足をゆるめ左足の脇に降ろす。身体を左にひねりながら左足のつま先を開き、左手は鉤手にして斜め前に上げ、右腕を円くして左腕に寄せる。

2、左ヒザを曲げてしゃがみこみながら右足を横に伸ばし出す。

3、身体を右にひねりながら左手の鈎手をほどいて回し降ろし、同時に右手を進行方向に右足にそって出す。右ヒザを曲げてゆっくり重心を右足に移し弓歩となり、身体を立てる。

5、右のつま先をやや開き、しっかり重心をかけて立ち上がり、左ヒザを上げて独立歩となる。右手は押さえるように下に降ろし腰の脇に、左手は身体の脇から顔の前に弧を描いて跳ね上げるように出し、指先を目の高さまで上げる。

18. 左右穿梭（zuo you chuan suo）

左右に掌を穿つ

動作の要素：落脚座盤、抱球跟脚、邁歩滾球、弓歩推架、後座翹脚、抱球跟脚、邁歩滾球、弓歩推架

左穿梭

1、左足をやや左側にゆるめ降ろし、つま先からかかとを着地させる。同時に右ヒザをゆるめてかかとを少し浮かせる。つま先を置く方向は正面。

2、左手が上、右手が下でボールを抱えながら、重心を左足に乗せて右足を寄せる。

3、右足を右斜め前に一歩出し、ボールを反時計回りに回すように4分の1回転ほど両腕を回す（左手は按をする要領、右手は右攬雀尾抱球から分ける右手に似る）。

4、右足にゆっくり重心を移して弓歩となる。同時に左手は顔前に出し推掌として、右手はこめかみの斜め上で架掌となる。

右穿梭

1、左足のヒザをややゆるめ右足のつま先を内に入れる。
2、右手が上、左手が下でボールを抱えながら、重心を右足に乗せて左足を寄せる。

3、左足を左斜め前に一歩出し、ボールを時計回りに回すように4分の1回転ほど両腕を回す。(右手は按をする要領、左手は左攬雀尾の抱球から分ける左手に似る)

4、左足にゆっくり重心を移して弓歩となる。同時に右手は顔前に出し推掌として、左手はこめかみの斜め上で架掌となる。

初級：型ができあがったとき推掌側の肩が下がり架掌側の肩が上がりやすいので注意しよう。
中級：弓歩のできあがりと手型のできあがりが一致するように動く。
上級：この型は二十四式太極拳のなかでもっとも沈肩垂肘が守られにくい。推掌でしっかり垂肘ができるようにしたい。

ヒント、架掌

　上に支える手型。手のひらを外に向け、こめかみから斜め上・前に置く。手首からこめかみの距離は"手を開いて親指先端から小指の先までの長さ"

足の置き方

　二十四式太極拳で斜めに進む動作はこの左右穿梭のみである。最初の足を左に開いて置くと、ボールを転がす動作でヒザが内に入りやすい。また弓歩のできあがりで後ろのかかとを調整したくなる。この動きは無駄が多いだけでなく、ヒザの弱いひとにはお勧めできない。90度の方向転換のときも同様。つま先を調整しなくても良い角度に置くことでヒザを守りながら血流を増進できる動きになる。

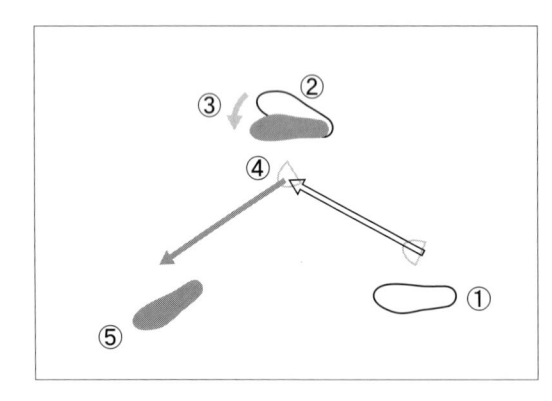

左右穿梭の歩法
①下勢独立からの一歩目、左足はまっすぐ着地する
②右足はやや斜めに横幅に注意して⇒方向に出す
③抱球の前につま先を内に入れる
④抱球しながら左足をよせる
⑤左足を→方向に横幅に注意して出す

19. 海底針 （hai di zhen）

羅針盤の指針が海底を指す動き

動作の要素：跟歩鬆手、後座提手、虚歩插掌

1、左ヒザをゆるめて右足を寄せる。

2、両腕をゆるめて回し下げながら、右足を足先斜め右に向けて着地し、ゆっくり重心を移す。続いて右手を顔脇まで上げ、同時に左ヒザを持ち上げる。左ヒザから先はゆるめ垂らす。左手は股関節ちかくの坐腕位置で待機する。

3、右手と左足を協調して下げ、右手は身体の前に、左足は下にゆるめ降ろす。左手は途中から右手脇につれそって降りる。姿勢はやや低くなり、視線は前方の床を見る。歩型はつま先着地の虚歩で、身体は極端に前傾させず、お尻を突き出さない。

初級：両手を降ろすとき、腕を伸ばさない。
中級：骨盤を正面に向けない。重心が下がるにつれて左足（前足）の加重を増やす。
上級：右足のヒザを内に入れず、虚歩姿勢を正確に保つ。

ヒント

海底は"気海の底"のこと。臍下丹田の下端と思えばよい。指針とは指先の例え。その方向に指針が向くというのは、自分の手から相手に伝わる勁力が相手の気海の底（相手の重心位置）を動かすこと。「右穿梭」で出した右手を相手に捕まれたときに、相手が掴む力を借りて重心を動揺させる技。

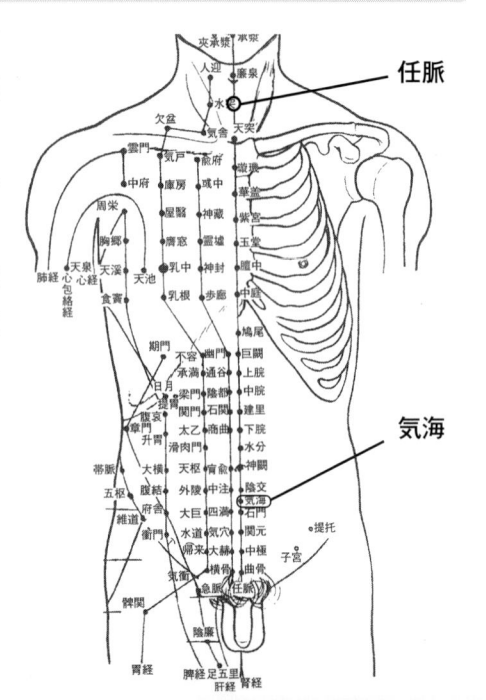

20. 閃通臂（shan tong bei）

身をひるがえして腕を通す技

動作の要素：提手収脚、邁歩分手、弓歩推撑

1、両手と左足を上げながら、上体をやや右に向ける。
2、両手を胸前に上げながら、左足を前に出す。

第3章　楊名時太極拳

3、弓歩になりながら、左右の手を分け開くように、左手は胸前から前方に出し推掌に、右手は上にひるがえし架掌とする。

初級：推掌の位置、架掌の高さを正確にしよう。
中級：両手の分け開きを簡潔に。推掌は沈肩垂肘を守る。
上級：上下肢の協調完整を正確に。

ヒント

　基本歩型は弓歩だが、師家の形は後ろ足が伸びきらない様式だった。これは馬歩に近い呉式の風格であり、伝統拳的要素が残った部分。この場合の重心配分は前6後4程度で、後ろ足つま先の方向はやや開き気味である。どれぐらいかは歩型の前後幅によって決める。前後幅が短い場合は右足が真横を向くこともある。一般的な弓歩にして前7後3、後ろ足が斜めに向く歩型と、どちらを採用しても間違いではない。ただし、後ろ足の開きが大きい（馬歩に近い呉式の）歩型は後の転身動作でヒザとつま先の方向が狂いやすく、ヒザの負担が増えるので一般向けの健康法としてはお勧めしない。

21. 転身搬攔捶 (zhuan shen ban lan chu)

押さえ、払い、穿つが連なる動き

動作の要素：転体扣脚、座身握拳、跕脚搬拳、転体旋臂、上歩攔掌、弓歩打掌

1、ゆっくり右足に重心を移し、左足のつま先を十分に内に入れる。

2、重心を左足に移しながら右に身体をひねり、左手は胸の高さで手のひらを下に向け、右手は時計回りに降りながら拳をにぎり腹前左手の下で拳背は上を向く。

3、右足は身体の旋転にあわせて寄せ、とまらず螺旋を描いて前方に出し、右拳は円を描いて上から前に出し、左手は下に押さえ、身体をやや右に回しながら重心を右足に移し右の前腕から拳背で前を押さえるようにする。

第3章　楊名時太極拳

167

初級：転身の扣脚をしっかり内に入れる。
中級：攔の動作で右肘を背式にしない。
上級：手法の3要素を切れ目なくなめらかにおこなう。

ヒント

　捶の動作での左手は、前の動作で出した位置にとどまり、身体と右拳が前進することで自然に右肘の内側あたりにくる。

　右足を寄せて、螺旋を描いてだす動きは"蹈脚"。立ち泳ぎの足の使い方に似た歩法で、背后の相手の足をふり向きざまに引っ掛けたり、相手の足をヒザで押さえたりする意味もある。

22. 如封似閉 (ru feng si bi)

封じたり閉じる動きに似せた技

動作の要素：穿掌翻手、後座収掌、弓歩按掌

1、上体をやや右にひねりながら左手を右腕の下に入れ、上体を左に戻しながら左手を右腕にそって前に出し、同時に右の拳を開いて手のひらを上に向ける。

2、両手の交差をとき開き、手のひらを返しながら重心を右足に移して引き寄せ、両手のひらを下向きで腹前に収め、虚歩となる。

3、左ヒザをゆるめゆっくり体重を移して弓歩となる。同時に両手は推掌で胸前に出す。

初級：按掌で視線を落とさない。尻を出さない。
中級：按掌で肘が背式にならないように。
上級：腕の動きを、水平、垂直回転、開合の各要素を的確でなめらかにつなげておこないたい。

ヒント

もともとは攬雀尾の後半と同じ技であったもの。手のひらの返しは相手の腕をなでるように立体的に動かしたい。ここでも虚歩のときつま先が上がるが、上げすぎないように注意しよう。

23. 十字手（shi zi shou）

動作の要素：転体扣脚、弓腿分手、座腿扣脚、収脚合抱

1、ゆっくり右足に重心を移す。身体を開始姿勢の正面に向けてひねりながら左足のつま先を内に入れる。両手は身体の回転につれて左右に開く。

3、重心を左足に戻しながら両手を分け降ろす。

4、右足を上げて肩幅ぐらいの位置に置き、両手を腹前で右手を外側にして交差させ、胸前に上げる。

24. 収勢 (shou shi)

収めの姿勢

動作の要素：翻掌前撐、分手下落、収脚還原

1、止まらずに十字にした両手を上げ、左右に開いて降ろし腹前で印を組む

2、ひと呼吸おいて静かに印をとき、両腕を脇の開始位置に収める。

3、やや右に身体をひねりながら左足を上げ、並足にする。

ヒント

印を組んだ手の形を法界定印(ほっかいじょういん)という。座禅の手の組み方で、右の指の上に左の指を重ね親指をかすかに合わせ、腹前に(押しつけず離さず)置く。

法界定印

くりかえしのある動作

　野馬分鬃と摟膝拗歩は同じ動作を左右左と繰り返しおこなう。その昔、伝統拳のころは、野馬分鬃は回数が厳密にきめられてなく、方向も左右穿梭のように斜めに動くこともあった。師家の動作も、はじめのころは野馬分鬃をやや斜めに動いた。これは師家の修行した伝統楊式太極拳の名残だ。

　伝統拳の場合、套路が終わるときには、はじめに動き出した位置に戻ることを要求された。そのため、調整が必要なときは野馬分鬃など繰り返し回数の増減で対応していた。もちろん「相手の出方で対応を変化させる」べく武術的な意味合いも含まれる。

　左右穿梭は、もともと90度の転身を2回するあいだに270度の転身をはさんで4回繰り返す動作だったし、雲手は右向き方向もあった。ただし攬雀尾は右向きのみ。右向きの攬雀尾と左向きの単鞭、このセットで右利きのための太極拳技法（八門五法：注）すべてを含む、まるでスイスアーミーナイフのような技である。
野馬分鬃と摟膝拗歩は、つぎの一歩を踏み出す前にいったん後ろに重心を戻し（これを後座という）、前足つま先を開く。この動作は、もともとは"後ろに下がる"ことなく、弓歩姿勢のままつま先を開いて後ろ足を寄せていた。厳密には、弓歩の前側の足がかかと加重であるからできる技であり、実際には両脚のヒザをややゆるめた瞬間につま先を開く。このとき、師家の動きはつま先の開く角度がとても小さいのが特徴であった。これも伝統拳のなごりである。

（注）八門五法：太極十三勢（太極拳の代表的な手法と歩法）の八手法と五歩法の総称。『新版健康太極拳規範教程』に詳しく解説されている。

弓歩と虚歩

　太極拳は弓歩と虚歩の繰り返しが特徴。弓歩は7対3の前加重歩型、虚歩は4対6の後ろ加重歩型である。師家の弓歩は前膝がくるぶしの上までしか前進せず、虚歩は前後の歩幅が小さめで前足はつま先立ちに近い形であった。これは伝統呉式太極拳の特徴を残した形で、山西省武術館で活躍していた時期の武術館教練で著名武術家王新午老師の影響と思われる。閃通臂の歩型が馬歩に近いのも同じ理由によるもの。

　ちなみに師家の系譜は宋の建国以前から続く武将の家系で、その歴史は太極拳の歴史よりずっと長い。

各式注意点

1、起勢
 ・ヒザが前に出すぎる

2、左右野馬分鬃
 ・下の手を後ろに引きすぎる

3、白鶴亮翅
 ・後ろのヒザが内に入る

4、左右摟膝拗歩
 ・前の手が伸びる
 ・身体が前傾する

5、手揮琵琶
 ・腕が伸びる

6、左右倒捲肱
 ・退いた足が軸足とクロスする
 ・腕が伸びる

7、左攬雀尾
 ・肘を後ろに引きすぎる（按）
 ・お尻が出る
 ・腕が伸びる（双推）

8、右攬雀尾

9、単鞭
 ・肘が伸びる
 ・骨盤が斜めになる
 ・お尻が横に出る

10、雲手
 ・腕が伸びる
 ・腰のひねりが足りない

11、単鞭

12、高探馬
 ・後ろのヒザが入る
 ・肘を後ろに引きすぎる
 ・腕が伸びる

13、右蹬脚
 ・腕が伸びる

14、双峰貫耳
 ・身体が前傾する
 ・肘が上がる

15、転身左蹬脚

16、左下勢独立
 ・つま先が上がる
 ・身体が正面を向く

17、右下勢独立

18、左右穿梭
 ・上体が傾く

19、海底針
 ・後ろのヒザが入る
 ・お尻が出る。

20、閃通臂
 ・骨盤が傾く
 ・前の腕が伸びる

21、転身搬攔捶
 ・拳を握りすぎる
 ・出した足が軸足とクロスする

22、如封似閉
 ・肘を後ろに引きすぎる
 ・お尻が出る
 ・上体が前傾する

23、十字手
 ・脇が詰まる

24、収勢

套路定歩練習

　套路定歩練習は手法と身法を結合するための訓練形式である。通常の稽古では身法のひねり・たわみと股関節の動きを混同しやすく、それがもとで動作機能が向上できない場合が多い。套路定歩練習をすることで、背骨や内臓に作用する動きにレベルアップできる。内容は二十四式太極拳の主要な連続動作と開立歩を基本とした定歩で練習し、手法と身法の正確な結合を習得するものである。

起勢

野馬分鬃

第3章　楊名時太極拳

白鶴亮翅

1　**2**　**3**

摟膝拗步

1　**2**　**3**　**4**　**5**

手揮琵琶

1

倒捲肱

1 **2** **3** **4**

第3章 楊名時太極拳

左攬雀尾 ・右攬雀尾

雲手

1 **2**

左右穿梭

1 **2** **3** **4**

第3章　楊名時太極拳

独立歩

収勢

第4章
坐功八段錦

坐功八段錦

師家楊名時はさまざまな武術や健康法を修め、個人的には普及活動でとりあげた八段錦・太極拳以外にも数多くの功法を実践したひとである。坐功や臥功、按摩功といった八段錦のバリエーションもその一例だ。ここではその中からイスにすわってできる八段式の功法を紹介する。師家の伝では伝統的な坐功なりの順番であったものを、ここでは私たちの慣れ親しんだ立功（立っておこなう八段錦）の順番に合わせ、内容も伝統功法を再検証して、わかりやすく効果の高いものとした。

第一段　托天按頂

第二段　左右開弓

第三段　左右托按

第四段　手抱崑崙

第五段　微擺天柱

第六段　臂転車輪

第七段　左右冲拳

第八段　天柱微震

第一段　托天按頂

「全身の気を三焦を通じて流し、上丹田に気を集中させ、その後に全体に気を巡らせる動作。それによって命門の気を充実させ抵抗力を高める。」

準備の姿勢：直座位、手は両腿に置く。**写真1**

開始姿勢：指を組み、丹田の前に置く（呼気）。**写真2**

1、両手を顔の前から頭の上に上げ、手のひらを上に向け、頭上に伸ばす（吸気）。
　写真3、4、5、6
2、手ひらを下に向けながら降ろし頭頂に置く（呼気）。**写真7**
3、背筋を伸ばしながら息を吸う。**写真8**
4、背筋をゆるめながら息を吐く。**写真9**
5、手のひらを上に向けながら頭上に伸ばす（吸気）。**写真10、11**
6、指を解き、左右に開き分け降ろし。予備姿勢に戻る（呼気）。
写真12、13、14

187

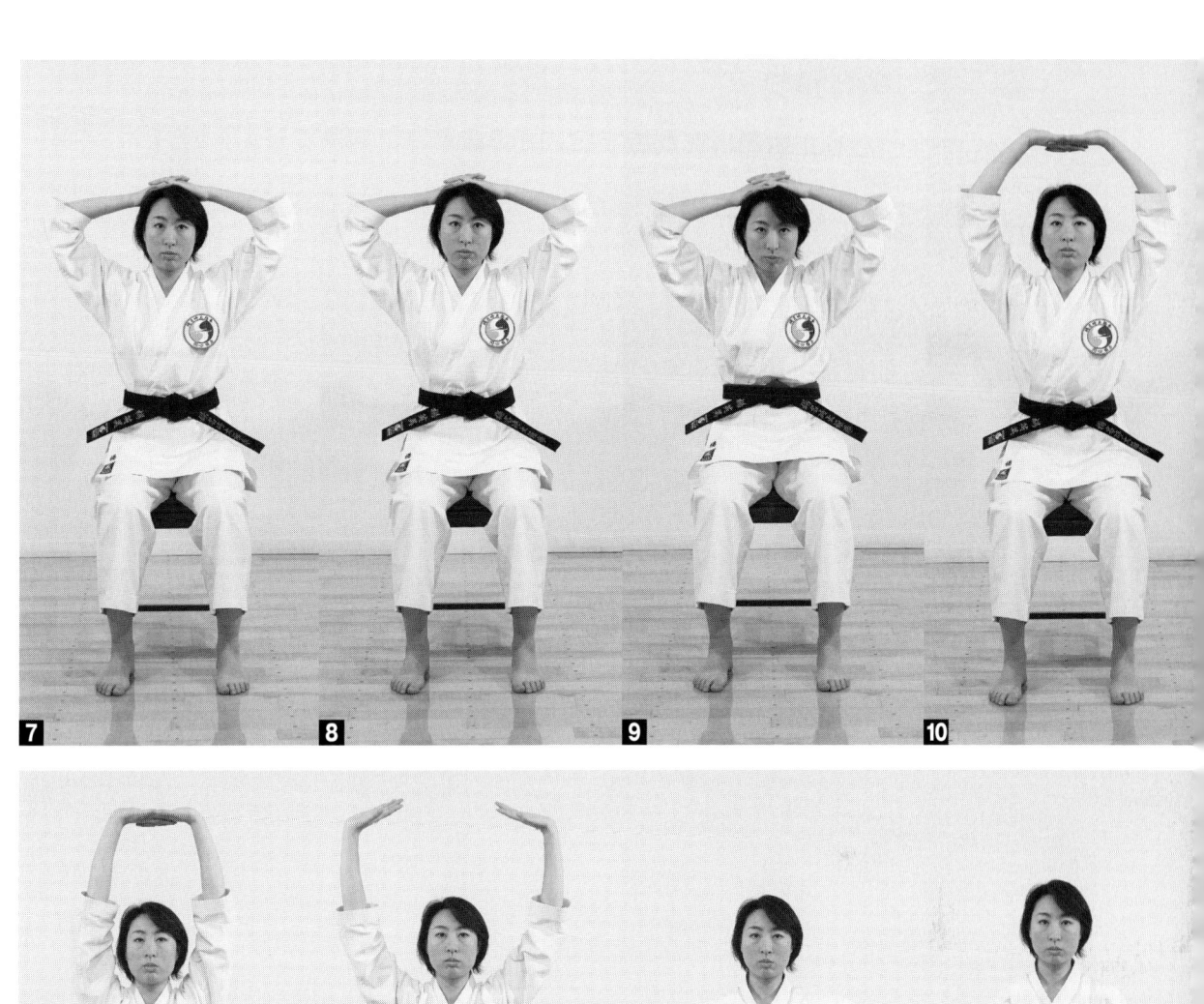

第二段　左右開弓

「腕の開合と肺経、大腸経を意識することで呼吸器に刺激をあたえる。」

準備の姿勢：写真１

1、右手を拳にして、左手は掌のまま。**写真２**
2、両腕を肩の高さに上げ、右拳を拳心を下にして左肘の内側に付け、
　　右手は手のひらを外側に向けて左腕の前に重ねる。**写真３**
　　（吸気）
3、左腕を前に伸ばしながら掌を剣指にかえて立掌にする。**写真４、５**
　　止まらずに左腕を横に広げ伸ばし、右腕は肘を右横に引く（呼気）。**写真６、７**

第4章　坐功八段錦

4、左右の腕を寄せながら右拳を左肘内側に戻し、**写真8、9**
　　左の剣指を開きながら右腕にかさねる（吸気）。
5、右拳を開きながら両腕を降ろし、準備の姿勢に戻る。**写真10**

6～9、左右反対におこなう。**写真１１～１９**

第４章　坐功八段錦

11 準備の姿勢

12 左手を拳にして、右手は掌のままで

13 左拳を右肘の内側に付け左手は手のひらを外側に向けて右腕の前に重ねる

14 右腕を前に伸ばしながら掌を剣指にかえて立掌にする

15 止まらずに右腕を横に広げ伸ばし

191

16 左腕は肘を左横に引く

17 左右の腕を寄せながら

18 左拳を右肘内側に戻し

19 左拳を開きながら両腕を降ろし準備の姿勢に戻る

第三段　左右托按

「大腸経、小腸経を意識することで胃腸を活性化する。」

準備の姿勢：写真1

1、左の掌を上にして丹田の前に置き、右手は外に垂らす。**写真2**
　　左手を身体の正面中心にそって指先から上げ、**写真3、4**
　　体幹を右にひねりながら肘を顎の高さまで上げる。**写真5**

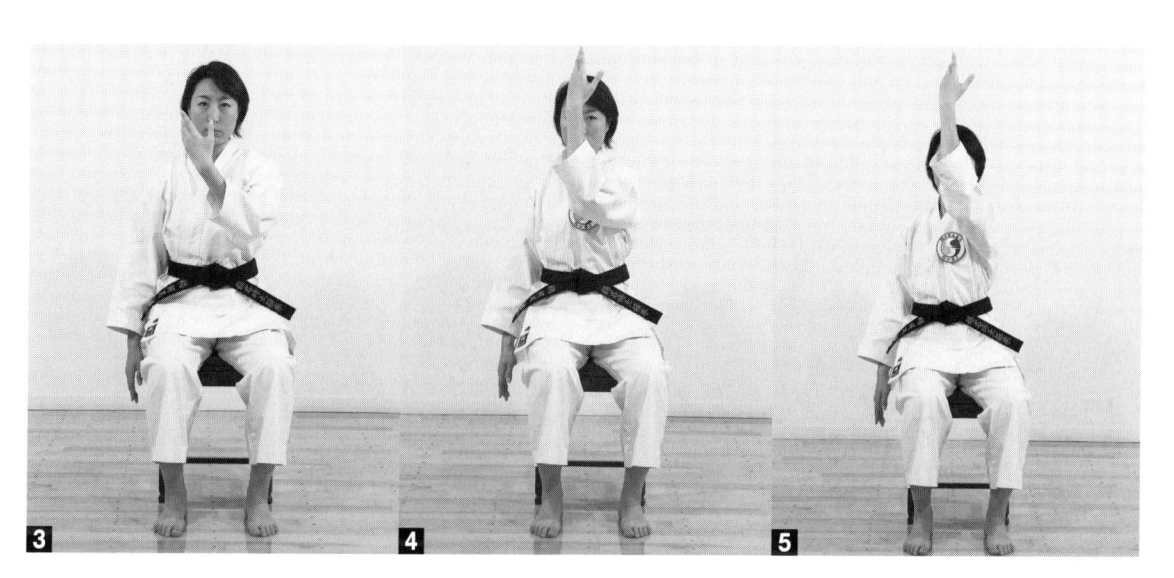

2、止まらず肘を横に展開しながら手首を回内させ手のひらを上に向け、指先を右に向けて左肩の上に伸ばす。

　左手首の回内と同時に右手首を座腕にする（吸気）。**写真6、7**

第4章　坐功八段錦

3、背中、肩、肘の順でゆるめ開き、左腕を横に降ろし、右手首をゆるめて準備の
　　姿勢に戻る（呼気）。**写真8、9、10**

195

4〜6、左右反対におこなう

右の掌を上にして丹田の前に　右手を身体の正面中心にそ　体幹を左にひねり肘を顎の高さまで上げる
おき、左手は外に垂らす　　って指先から上げ

肘を横に展開し　　　　　　　　手首を回内させ
ゆび先を左に向けて右肩の上に伸ばす
右手首の回内と同時に左手首を座腕にする

第４章 坐功八段錦

背中、肩、肘の順でゆるめ　　　　　　右腕を横に降ろし

左手首をゆるめて準備の姿勢に戻る

第四段　手抱崑崙

「任脉、督脉、陰・陽維脉といった縦の経絡をストレッチして身体バランスを調整する。」

準備の姿勢：写真1
開始姿勢：指を組み丹田の前に置く。両手を上げ顔前から頭頂をへて後頭部につける。**写真2、3、4**

1、肘を外に開きながら、背を反らして斜め上を向く（吸気）。**写真5**
　開始姿勢に戻る（呼気）。

2、肘をやや閉じながら、背を前に丸めて斜め下を向く（吸気）。**写真6**
　開始姿勢に戻る（呼気）。

3、両肘を外に開きながら左肩を後ろに引き、ウエストを左にひねり左真横を向く
（吸気）。**写真7**　開始姿勢に戻る（呼気）。

4、両肘を外に開きながら右肩を後ろに引き、ウエストを右にひねり右真横を向く
（吸気）。**写真8**　開始姿勢に戻る（呼気）。

5、両肘を外に開きながら右肘を上げ、背を左にたわませる。**写真9**
　　頭の傾きは自然に（吸気）。　　開始姿勢に戻る（呼気）。

6、両肘を外に開きながら左肘を上げ、背を右にたわませる。**写真10**
　　頭の傾きは自然に（吸気）。　　開始姿勢に戻る（呼気）。

7、手のひらを上に向け頭頂に伸ばし、**写真１１**
指をほどいて外に開き降ろし準備の姿勢に戻る。**写真１２、１３、１４**

第4章　坐功八段錦

203

第五段　微擺天柱

「膀胱経を意識することで目の疲れ、肩凝りなどの緊張を緩和し、内臓全般にも働きかける。」

準備の姿勢：写真1
開始姿勢：指を組み、丹田の前に置く（呼気）。**写真2**

1、両手を返しながら手のひらを左ヒザに置き、肘を伸ばす（呼気）。**写真3**

2、右肘を曲げてゆっくり右ヒザの上に置き、**写真4**
　　首をひねって左上を見る。首を戻して右足の外側を見る（吸気）。**写真5、6**
3、首を戻し斜め左前を見ながら右肘を伸ばす。**写真7**

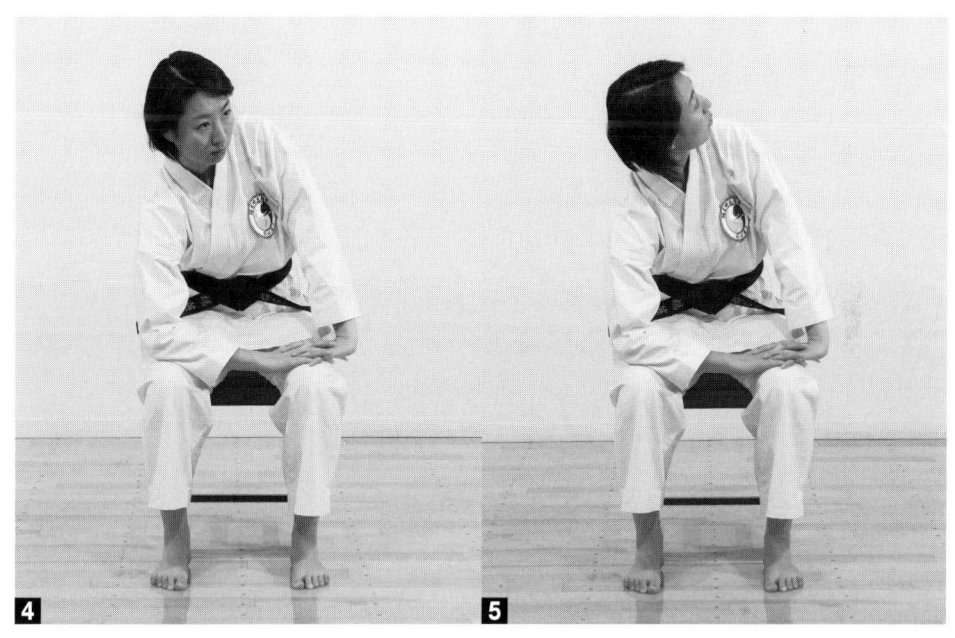

4、両手のひらを返しながら開始姿勢に戻る（呼気）。**写真８**
5、両手を返しながら手のひらを右ヒザに置き、肘を伸ばす（呼気）。**写真９**
6、左肘を曲げてゆっくり左ヒザの上に置き、**写真１０**
　　首をひねって右上を見る。首を戻して左足の外側を見る（吸気）**写真１１、１２**

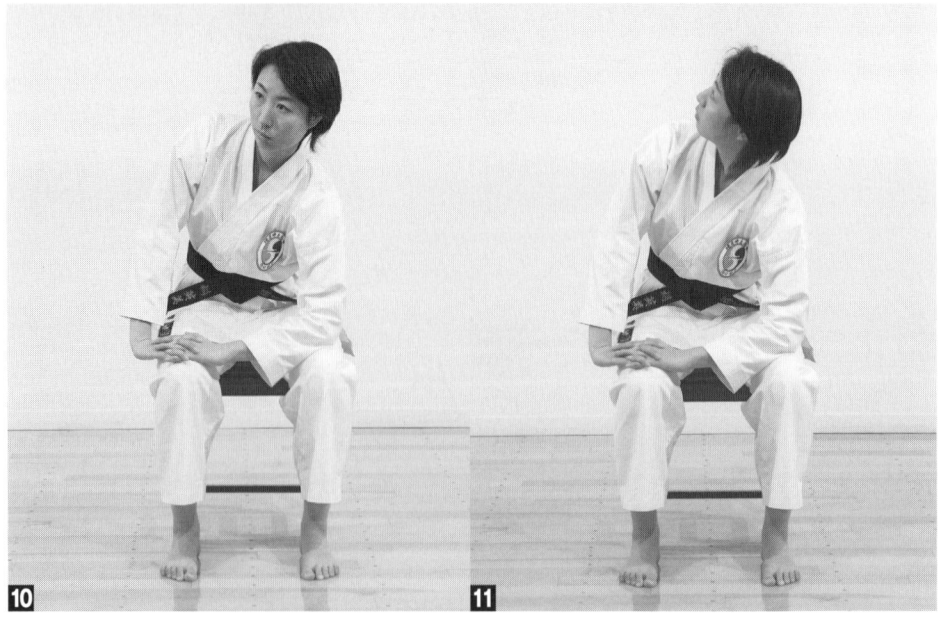

7、首を戻し斜め右前を見ながら左肘を伸ばす。**写真１３**
8、両手のひらを返しながら開始姿勢に戻る（呼気）。**写真１４**
9、準備の姿勢に戻る。**写真１５**

ヒント： 身体が傾いたとき、背中から首はまっすぐにしておきたい。

第六段　臂転車輪

「膀胱経を意識することで目の疲れ、肩凝りなどの緊張を緩和し、内臓全般にも働きかける。」

　ウエストの旋転と腰のたわみから腹腔内をマッサージして胃腸を刺激する。

　任脈、督脈の気を回し、上肢にあるすべての経絡を刺激する。

準備の姿勢：写真１

開始姿勢：両手を拳にしてウエストの脇、左右の肋骨下に置く（吸気）。拳心は下向き。**写真２、３**

1、舟漕ぎ円運動：両手を上から前に出し（塌腰・呼気）、下に降ろしながら引きもとに戻る（収臀吸気）。３回繰り返し逆に３回回す。**写真４、５、６**

第4章 坐功八段錦

209

2、自転車漕ぎ円運動：開始姿勢から右拳を上から前に出す。そのまま下から元に戻すと同時に左拳を上から前に出し半周遅れて回す。3周回して右拳が開始位置に来たら逆に回す。右拳〜左拳の順で開始姿勢の位置に置き、開始姿勢に戻る（呼吸は自然に）。**写真7、8、9、10、11**

3、前向き車輪まわし円運動：開始姿勢から両手を寄せながら上に回し左右に開く（塌腰・吸気）。止まらず下から内に寄せ開始姿勢に戻る（収臀・呼気）。3回回したら逆に回し、開始姿勢に戻る。**写真12、13**

4、準備の姿勢に戻る。**写真14**

第4章 坐功八段錦

第七段　左右冲拳

「心経、小腸経を意識することで内臓に、脇を通る肝経、胆経を意識すれば精神に作用する。そのときは立功のように目を意識し気力を充実させる。」

予備姿勢：正直座位、手は両腿に置く。**写真1**

開始姿勢：両手を拳にしてウエストの脇、左右の肋骨下に置く（吸気）。拳心は内向き。**写真2**

1、左腕を前に伸ばし左拳を打ち出す(呼気)。もとの位置に戻す(吸気)。**写真3、4**

2、右腕を前に伸ばし右拳を打ち出す(呼気)。もとの位置に戻す(吸気)。**写真5、6**

3、左腕を斜め右前に伸ばし左拳を打ち出す（呼気）。もとの位置に戻す（吸気）。
写真7．8

4、右腕を斜め左前に伸ばし右拳を打ち出す（呼気）。もとの位置に戻す（吸気）。
　　写真9、10
5～8、もう一度繰り返す。**写真11**

第4章 坐功八段錦

腕を伸ばすだけでなく、胴体のひねりを使って背中から肩、腕とつらなる動きとしたい。

第八段　天柱微震

「頭を回すことで"火の邪"を払い、精神を安定させる。頸動脈洞反射による血圧下降も期待できる。」

予備姿勢：正直座位、手は両腿に置く。**写真1**

1、上体を緩めながら右斜め下方向に首を垂れ、前〜左横〜後ろ〜右横〜前と3周回す。**写真2、3、4、5、6**

左前

第4章 坐功八段錦

後ろ

❹

右前

❺

217

後ろ

左斜め下から反対に３周回す。

ヒント：みぞおちから上を、頭の重みを感じながら回すようにする。

第４章　坐功八段錦

反対回し

下から頭を上げて元の姿勢に戻る。

第5章
車イス太極拳
「Any3 TAICHI」

車イス太極拳「Any3 TAICHI」

Any3 TAICHIは車イスやふつうのイスに座ってできる太極拳である。NPO法人日本健康太極拳協会が制定し、介護支援研修を通じて多くの指導者が介護の現場などふつうの太極拳ができないところで活用中である。

Any3 TAICHIの効能

Any3 TAICHIはただ太極拳を座っておこなうだけでなく、独自の運動理論によって多くの健康効果を得ることができる。なかでも血流・リンパ流の増進効果、インナーマッスルの運動機能改善は得意な分野で、多くのひとに推奨できる健康法である。特にリンパ流の改善については、開発チームが"抗がん剤によるむくみ"に対しての一定の効果をレポート（注）している。

注：詳しくは『新版 健康太極拳規範教程』を参照。

Any3 TAICHI動作順序

予備式、十字手
　　1節　平目平視　1左攬雀尾、2右攬雀尾
　　2節　三尖相照　3搂膝拗歩、4手揮琵琶、5倒捲肱
　　3節　上下相随　6野馬分鬃、7穿梭
　　4節　中正円転　8雲手、9左右単鞭
　　5節　分清虚実　10左右独立
　　収勢　十字手

Any3 TAICHI 動作要領

予備式

イスにすわり両ヒザを正面を向け、両手はヒザの上に置く(立式では両足を揃えて立つ)。

　十字手

　並歩→小開歩並足→十字手

両腕を脇に垂らす(立式では左足を肩幅ぐらいに開く)。

両腕を開き上げ、額のあたりで手首を重ねて十字をつくり顔前に降ろす。

胸前から左手だけを腹前に降ろし、手のひらを上に向けてボールを抱える形とする。

胸前で左手のみ外旋させながら下へ降ろし腹前へ(抱掌)。

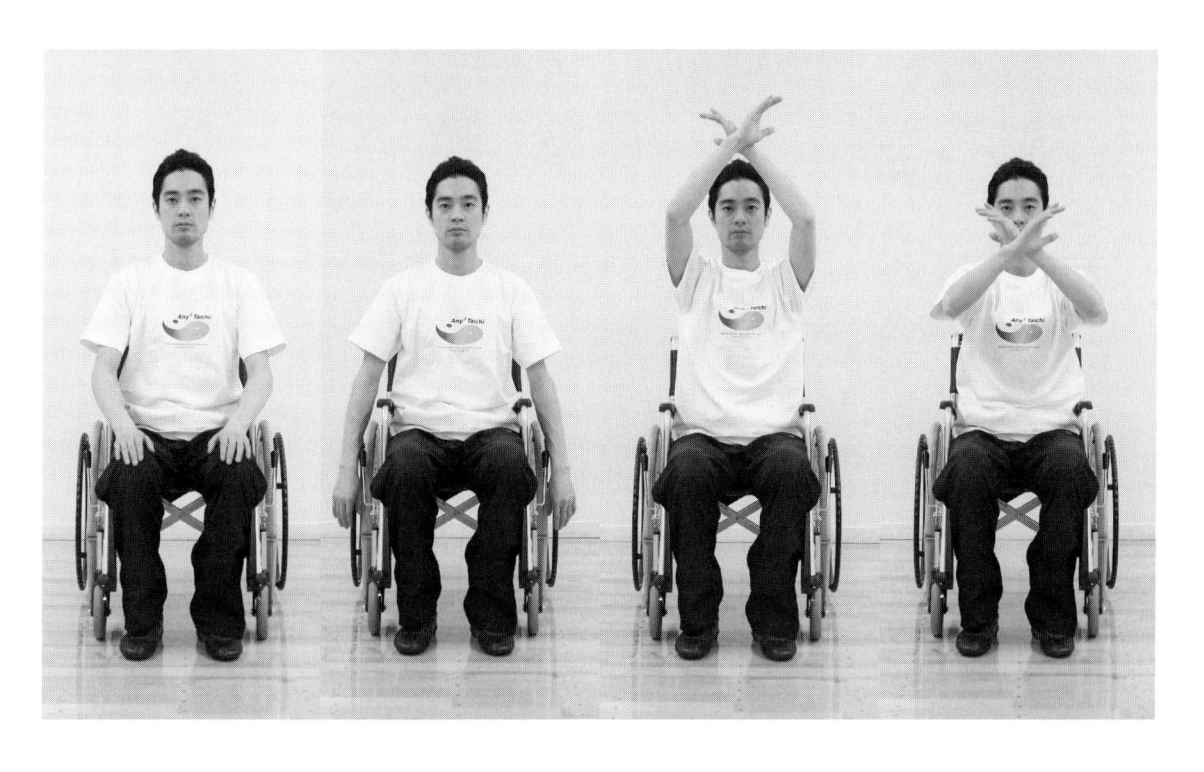

1節、平目平視

動作1 「左攬雀尾」

小開歩並足

右転体、右抱掌、左掤、左擺、抹掌、抱掌、右巻臂、擠、按

右に身体をひねり両手を分けるように、左手は胸前右手は脇に降ろす。

左に体をひねりながら左手を払い出し手のひらを返す。

両手を引き込み、体の前で円を描いてひと回りさせ（背式にならない程度に、体をたわませながら大きく回す）、

左手が上、右手が下で小さなボールを抱え、体を右にひねりながら右手を横に出し、顔のわきから前に出して左腕の手首に添え（両手首の交点は右足の上に置く）、

両手を前に出し（前に出す方向は左足の方向にそろえる）、

開き分け（開き分けは正面に向かう。斜めに向けないこと）、

引き込みながら腹前に押さえ（両手の中央が右足の方向にそろう）、

胸前に押し出す（両手の中央が左足の方向にそろう）。

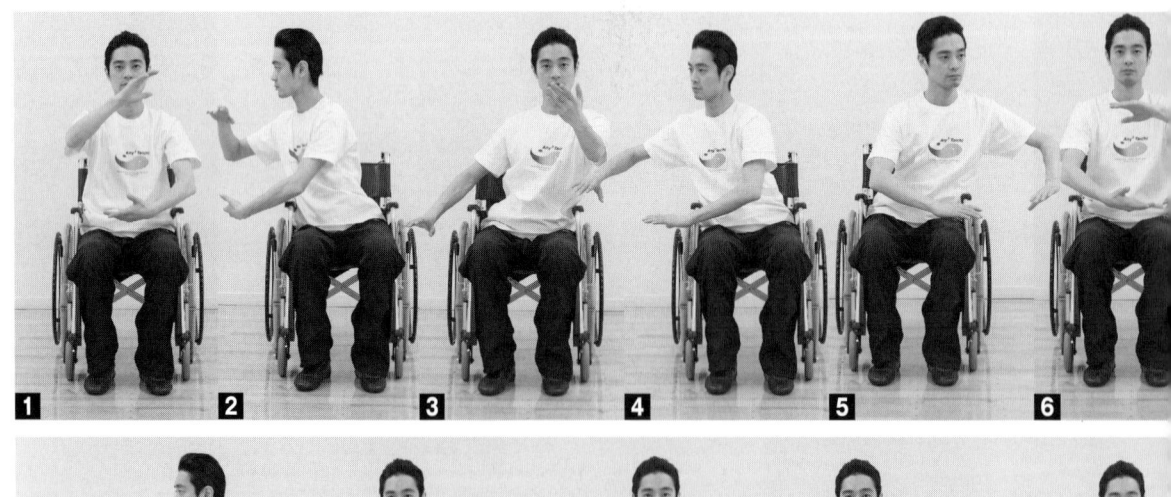

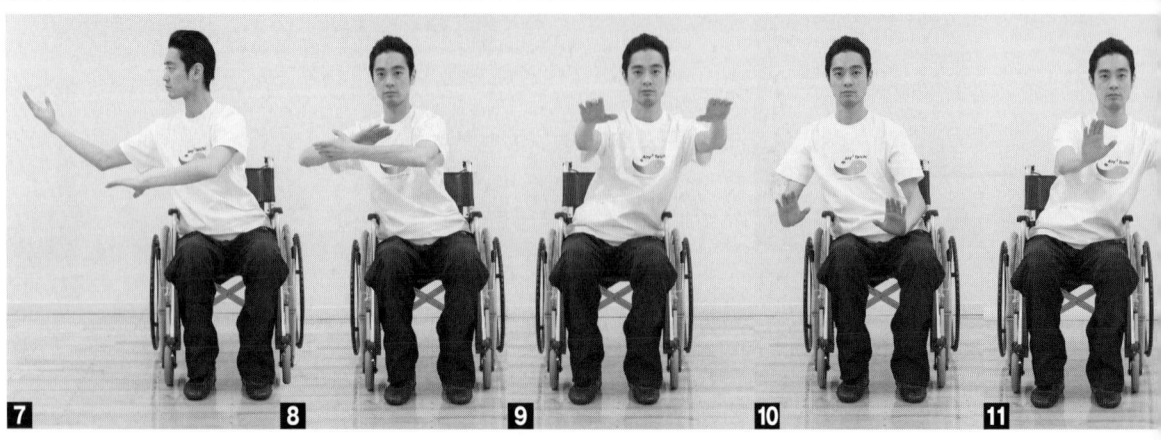

動作2 「右攬雀尾」

左抱掌、以下左右反対に繰り返し。

体を左にひねりながら、左手を上、右手を下にしてボールを抱え、先ほどと左右逆におこなう。

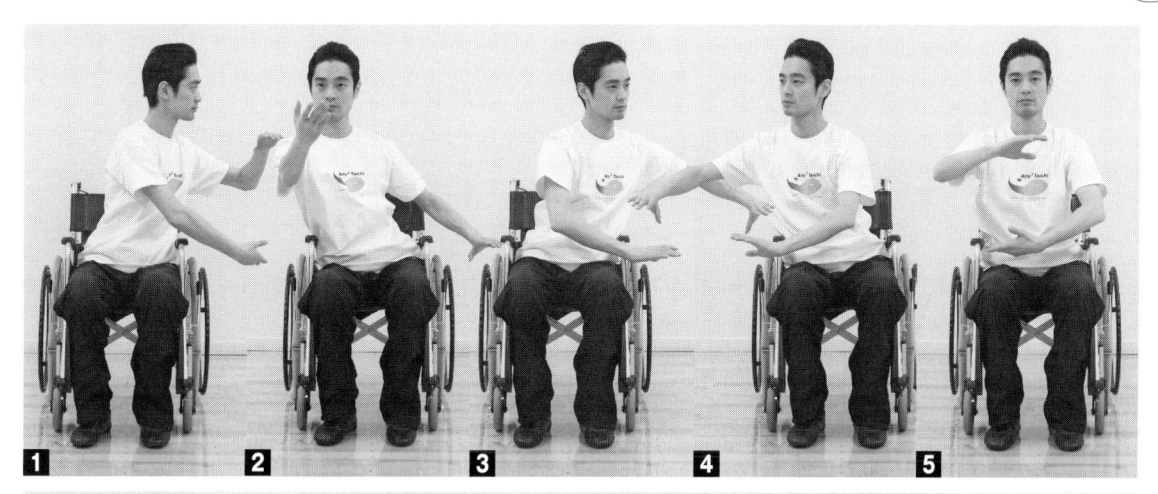

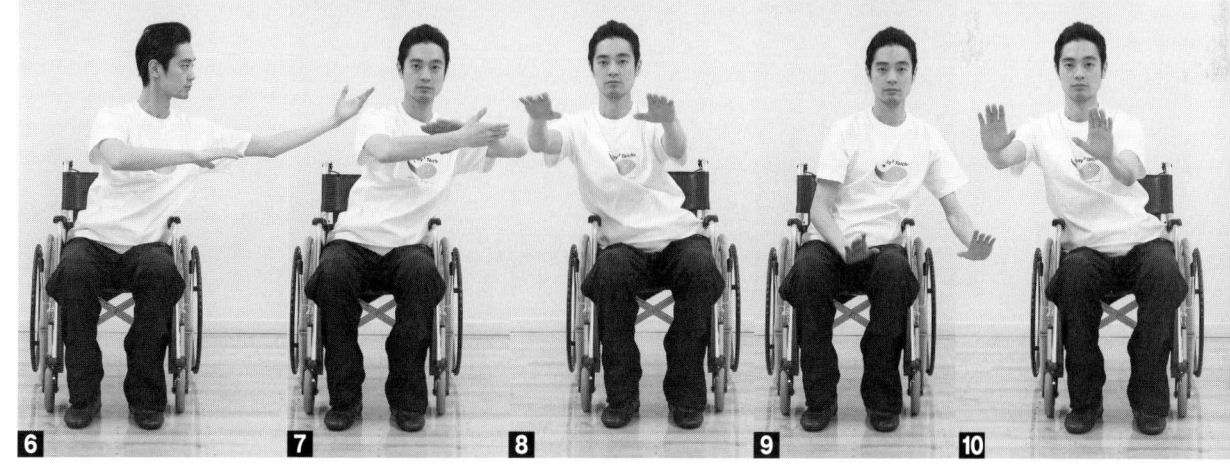

第5章　車イス太極拳「Any3 TAICHI」

225

要点

初級：抱掌のとき真横水平を見る。
　　　抹掌のとき掌の動きと視線移動が一致し、水平を見る。下を見ない。
　　　按掌のとき下を向かない。

中級：手法、歩法、身法、眼法の協調。
　　　抹掌の重心移動と身法（軸回転）、眼法を一致させる。

上級：左右の重心移動で上体をたわませ、反対のお尻を浮かせる。

2節、三尖相照
動作3「摟膝拗歩」

小開歩並足

右巻臂、左摟右推、左巻臂、右摟左推、右巻臂、左摟右推

右に体をひねりながら、右手は手のひらを上に向けて右横へ、左手は手のひらを下に向けて胸前に。

右手を顔の脇に寄せ、左手を腹前に降ろす。

右手を正面に出し、左手は横に払う。右手は指先が上を向き、左手の指先は正面を向く（前に出した右手は左足の方向にそろう）。

左に体をひねりながら、左手は手のひらを上に向けて左横へ、右手は手のひらを下に向けて胸前に。

左手を顔の脇に寄せ、右手を腹前に降ろす。

左手を正面に出し、右手は横に払う。左手は指先が上を向き、右手の指先は正面を向く（前に出した左手は右足の方向にそろう）。

最初と同じ動作をもう一度おこなう。

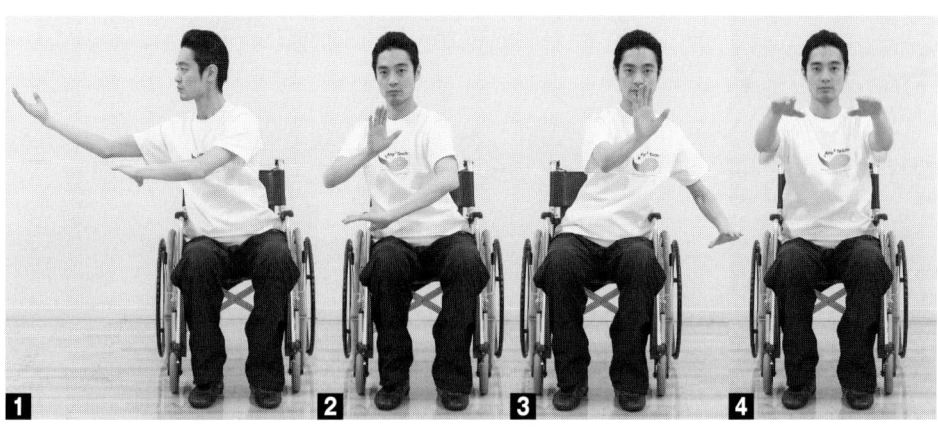

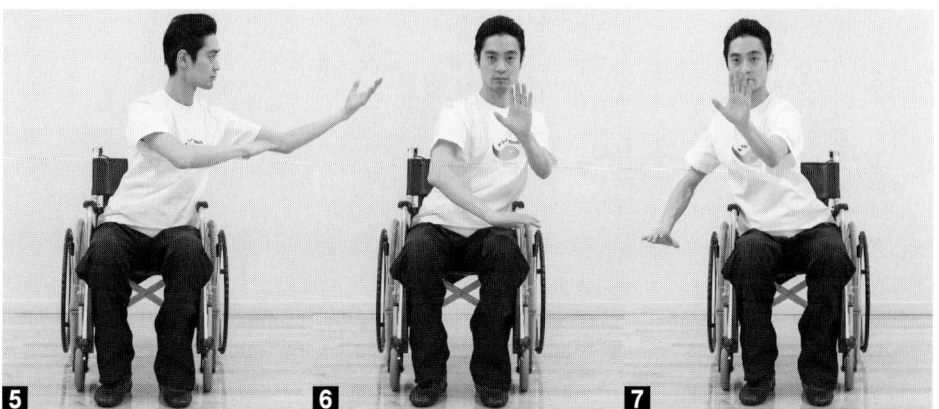

動作4「手揮琵琶」

　右に体をひねりながら、左手を右腕の下に入れ、
　左手を前に払い出して、両肘をゆるめ降ろす（両手は右足の方向にそろう）。

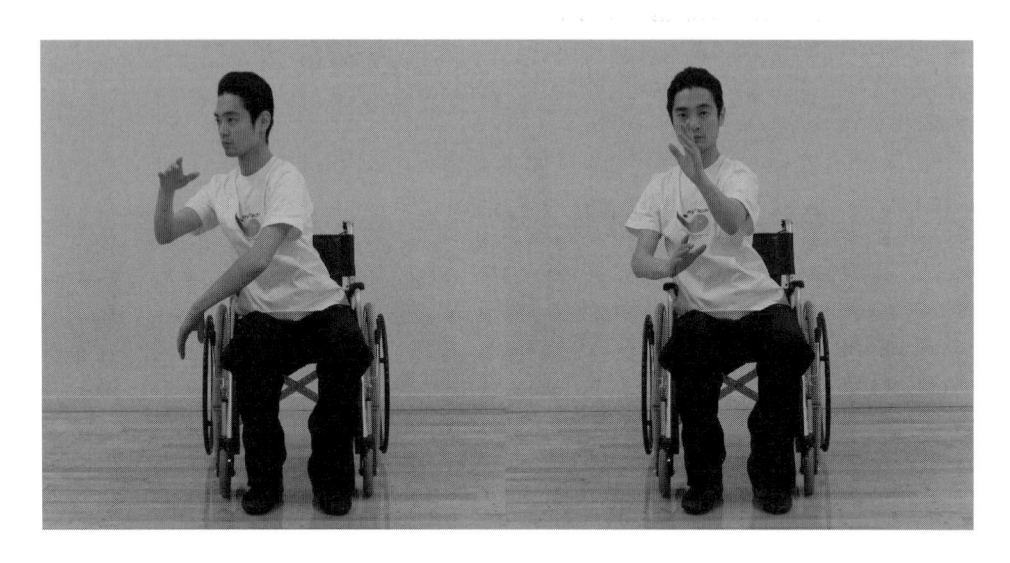

動作5「倒捲肱」4回繰り返し。

　右腕をゆるめ降ろし、右横に上げ、両腕を寄せ、再度開いて左手は手のひらを上にして前、右手は右横に出す。
　右手を顔の脇に寄せ、重心を左に移しながら右手を顎の前から顔前に出し、同時

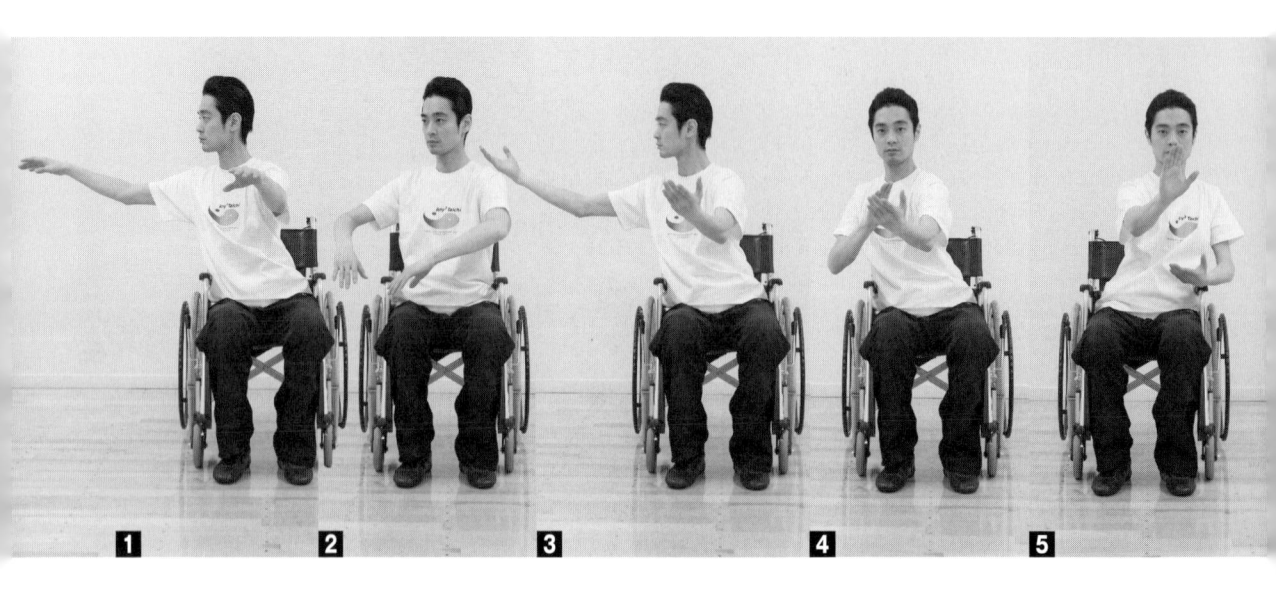

要点

初級：顔、掌、ヒザの向かう方向をそろえる。
　　　　拗勢弓歩の掌とヒザ、眼法の方向をそろえる。
　　　　順勢虚歩の掌とヒザ、眼法の方向をそろえる。
中級：臂から推掌への過程で沈肩垂肘の用法を理解する。
上級：収臀・塌腰を攻防と一致させる

第５章　車イス太極拳「Any3 TAICHI」

に左手を腹前に引き込む（両手の動きは上体のひねりで行い、腕だけ動かさない）。
　左腕をゆるめ降ろし、左横に上げ、これまでとは左右反対にしておこなう。
もう一度右左をくりかえし、合計４動作おこなう。

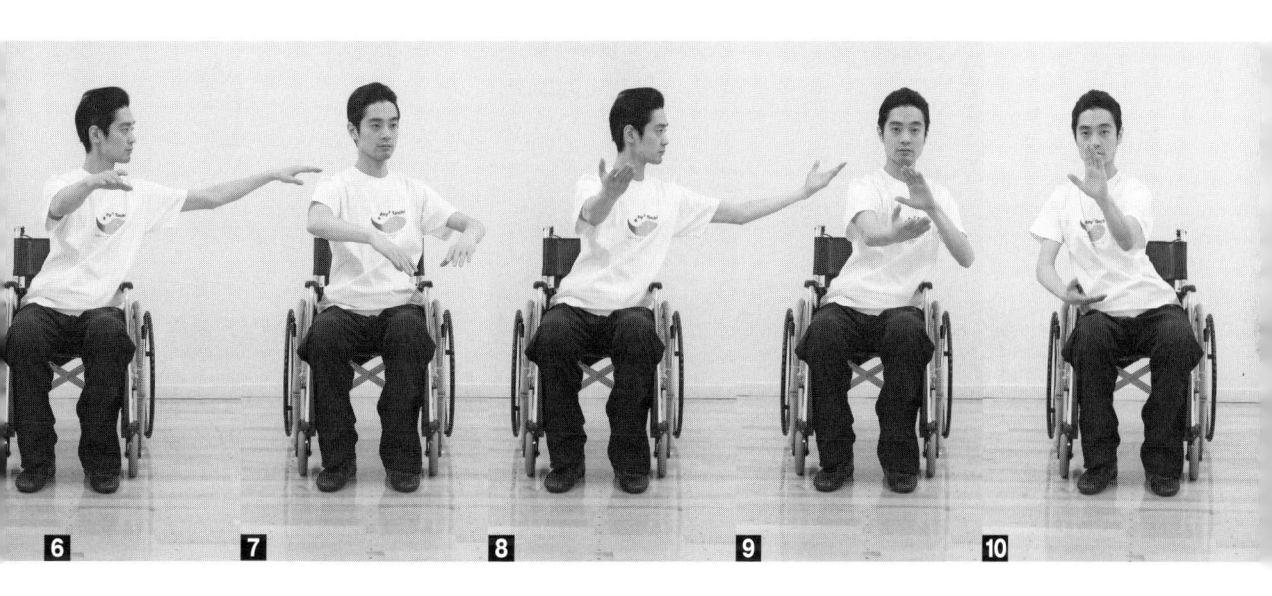

6　　7　　8　　9　　10

3節、上下相随
動作6「野馬分鬃」

　小開歩並足

　右抱掌、左捌右採、左右4回繰り返し

　右を向きながら右手を上にしてボールを抱え、

　両手を分け開きながら重心を左に移し、左手は顔前で手のひらをやや上に向け、右手は右脇に降ろし押さえる。

　左右を逆におこなう。

　右と左それぞれ2回ずつおこなう。

要点

初級：手法と歩法のタイミングを出来上がりで合わせる。

中級：抱掌から移行するとき、「野馬分鬃」の横回転のタメと「左右穿梭」の縦回転のタメが同一であることを理解する。順勢弓歩と拗勢弓歩、身法を中心にそれぞれの相違点と一致点を理解する。

動作7「左右穿梭」

　右抱掌（左足つま先を少しだけ斜めに開く、小開歩開足）、左穿梭、

　右にボールを抱え、左手は上に、右手は下に向かってボールを4分の1回転させ、右手は斜め左前方に出し、左手は頭の斜め上前に上げる。

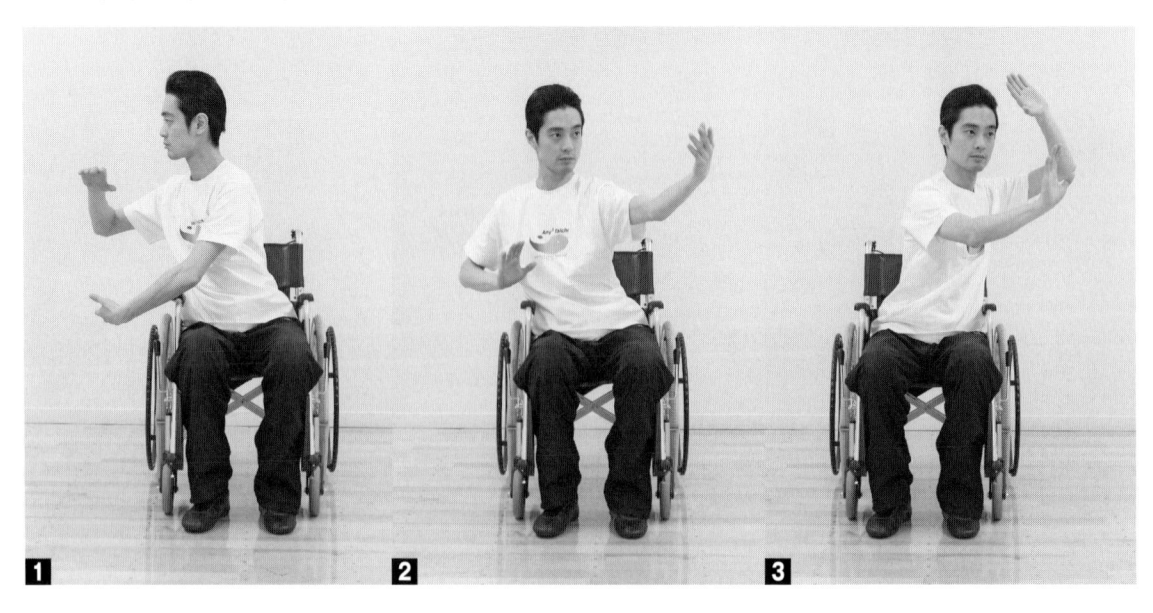

1　**2**　**3**

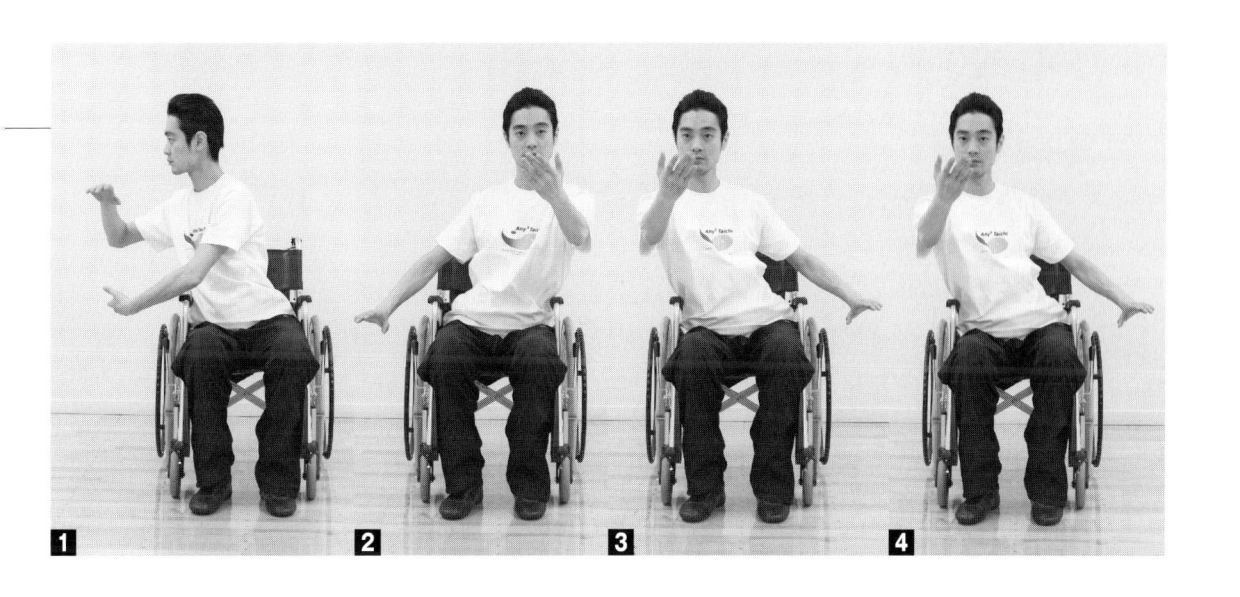

両手を降ろして、斜め左方向で左手を上、右手を下にボールを抱え、左右を逆におこなう。右と左それぞれ2回ずつおこなう。

左抱掌（右足つま先を少しだけ斜めに開く）、右穿梭、左右4回繰り返し。

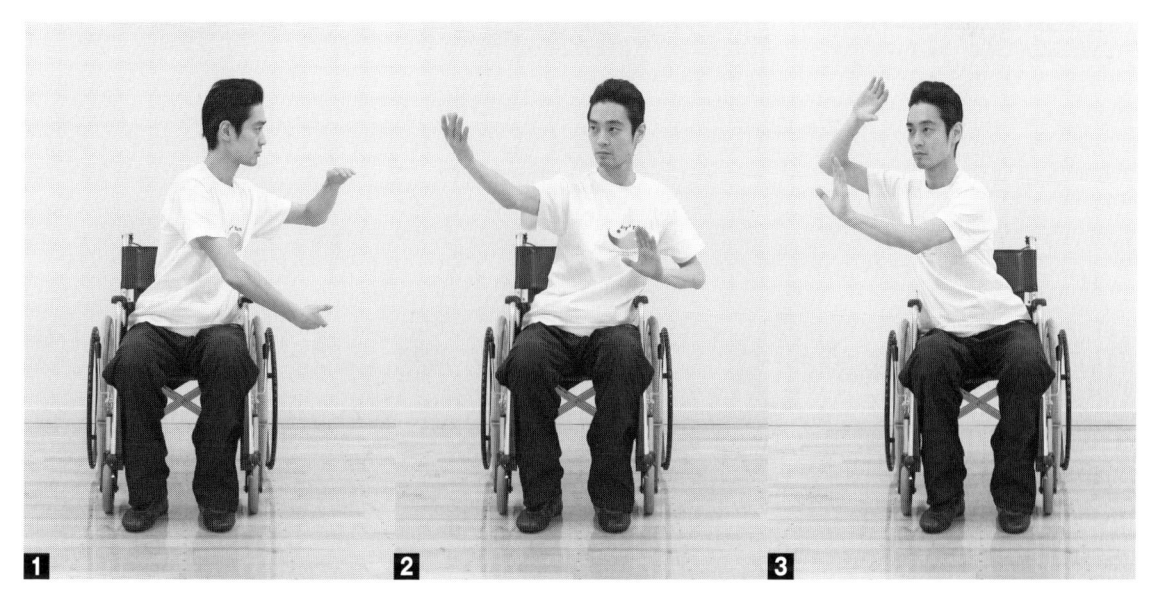

4節、中正円転

動作8「雲手」

　右穿梭から、左手を下からすくい上げるように右真横に回し上げ、右手は真横よりやや後ろにゆるめ降ろす。

　体を左にひねり、左真横で両手のひらを返しながら高さを入れ替える。

　体を右にひねり、右真横で両手のひらを返しながら高さを入れ替える。

　もう一度、体を左にひねり、左真横で両手のひらを返しながら高さを入れ替え、そのまま正面に向く。

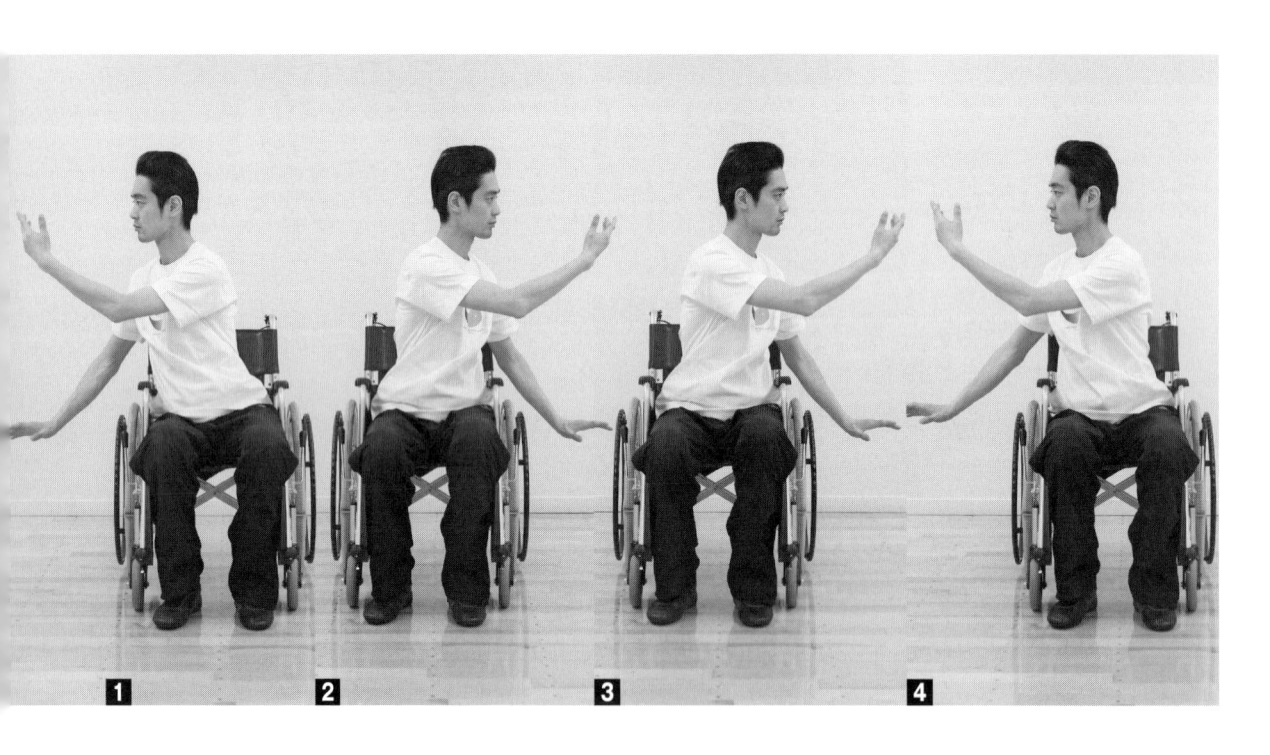

要点

初級： 中定点付近は横移動（回転しない）。中定点で身法・手法が正面。
　　　　左右軸で回転。眼法は真横まで。

中級： 動作の全般にわたって踏実。
　　　　中定は収臀。

動作9「左右単鞭」

左単鞭

　右手を半時計方向にゆるめ回し鉤手とする。

　左手を右腕の内側に寄せ、やや左に体をひねりながら左手を左横に移動させ、手のひらを返しながら左に重心を移す。

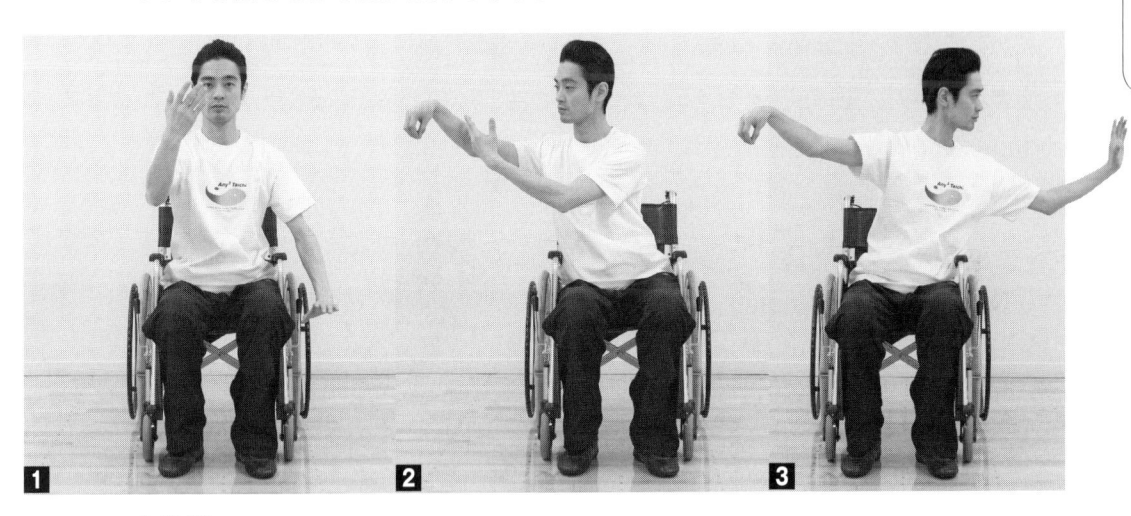

1　**2**　**3**

右単鞭

　左手をゆるめ降ろして右手鉤手の下に回し、鉤手をほどいて両手の高さを入れ替え、上がった左手を正面に持ってくる。

　左手を時計回しにゆるめ回し鉤手とする。

　右手を左腕の内側に添え、やや右に体をひねりながら右横に移動させ、手のひらを返しながら重心を右に移す。

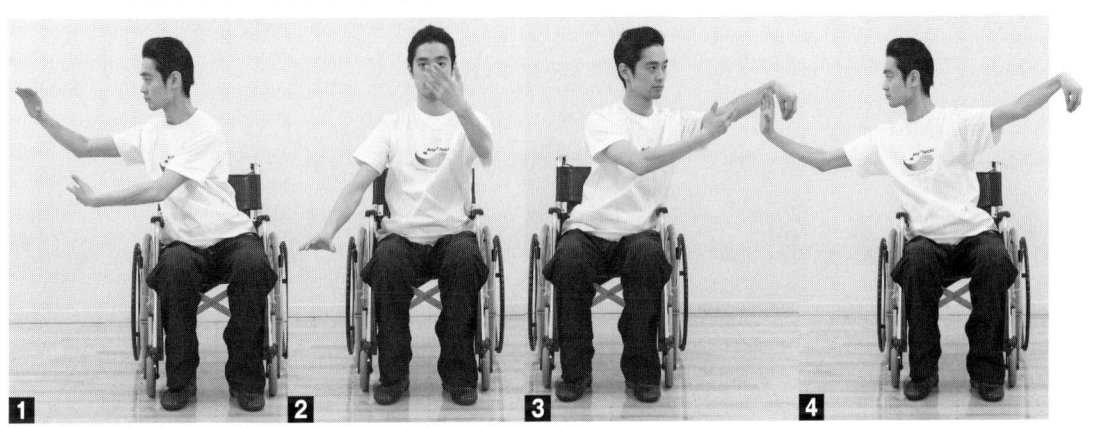

1　**2**　**3**　**4**

5節、分清虚実

動作10「左右独立」

　左手を正面に持ってきて、手のひらを伏せて降ろし、右腕はゆるめて右脇に降ろす。

　左に体をひねりながら右手を正面に上げ、手のひら横向きで立てる。左手は左脇で座腕にする。

　右手を、手のひらを伏せて降ろし、左腕は脇に垂らし降ろす。右に体をひねりながら左手を正面に上げ、手のひら横向きで立てる。右手は右脇で座腕とする。

　もう一度ずつ右と左を繰り返す。

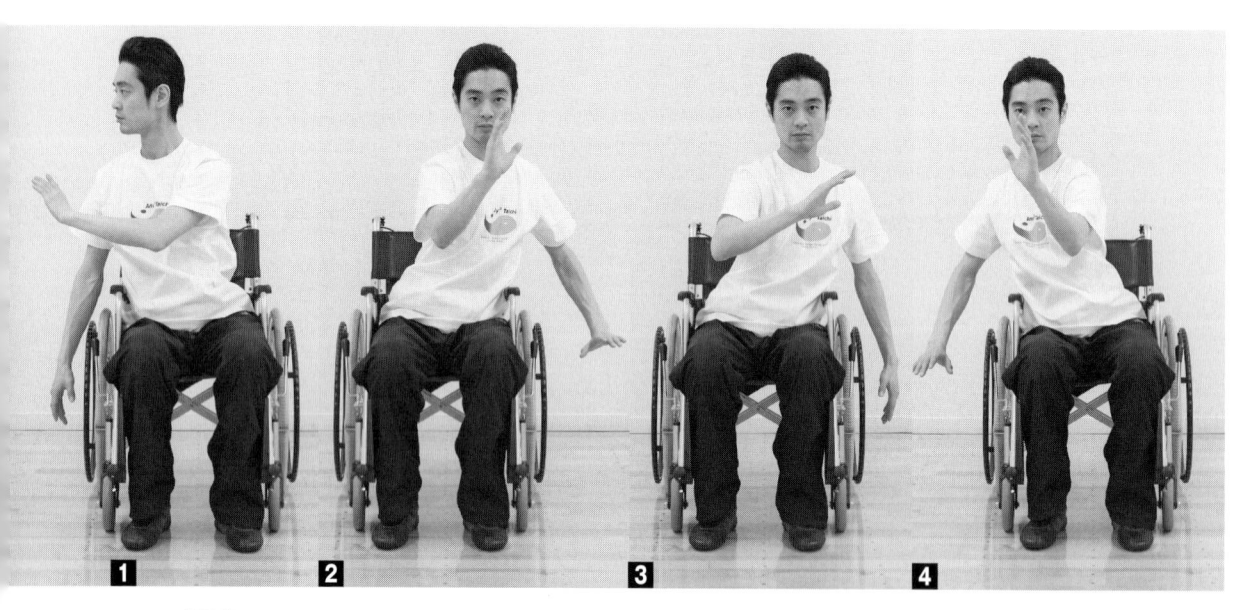

要点

初級：手法が挑から採に移るとき股関節軸で回転運動。

　　　　採から挑に移る側の手は座腕から虚、その後挑で実。

中級：かかとを上げるとき、つま先を着地するとき、

　　　　足の甲、ふくらはぎに力が入らない。

　　　　挑掌・提膝は軸回転が先導する。

　　　　手法と身法のバランス（座腕の位置と体の向き）。

収勢

十字手

　重心を真ん中に戻し右手を前に上げて両手首をあわせ十字とする。

　両手を上げ、左右に開いて分け降ろし、脇に垂らす。

　両手をヒザの上に置く。

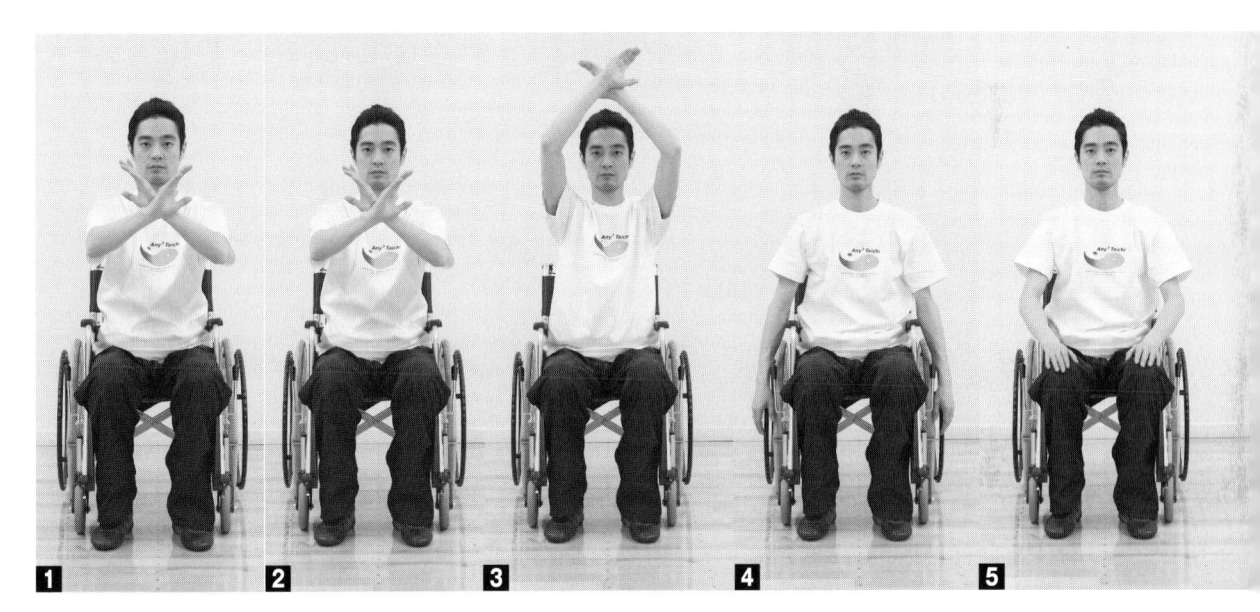

1　**2**　**3**　**4**　**5**

備考

小開歩：足中心肩幅

中開歩：小開歩×1.5倍

並　足：つま先正面

開　足：つま先60度開く（かかと軸、片足30度）

第5章　車イス太極拳「Any3 TAICHI」

特記事項

　車イスで生活するひとが他のひとと一緒に動くことができるように手法・身法を次のように改変した。主に汎用車イスの肘掛けを回避するためである。

　　・抱掌は天地を小さめに、斜め後ろに向かう手法は真横に。
　　・予備式の十字手は直接抱掌に移行する。
　　・収勢の十字手は脇に下ろして終了とする。
　　・イスに座って行なう場合は体幹のたわみを利用して体重移動を実現する。

「下肢機能訓練に」

Any3 TAICHI は座って動くだけではなく、立つ・歩くための初歩訓練も意識した動作を目指している。

　「5節、左右独立」で前に出した手と同じ側の足を床から少しだけ（紙一重）持ち上げるように練習しよう。骨盤のバランスをとる中臀筋と腹斜筋、歩行に重要な大腿四頭筋等の筋を活性化することがでる。車イスに座りながら歩行機能訓練を目指すひとはこの点を考慮して練習されたい。

「立って行うために」

　Any3 TAICHI は立位(立ち姿勢)でおこなうこともできる。もちろん、座位と立位混在も可能である。立っておこなうときは、重心移動のみで足を動かさない動作と、扣歩と擺歩を組み合わせた動作を選ぶことができる。立位の歩法は次表を参考にされたい。

Any3 TAICHI 歩法解説

節	動作	説明	歩形
予備式 十字手		座式で手を脇に下ろすとき並足から小開歩 （肩幅程度でつま先正面）	
1節、平目平視	①左攬雀尾 ②右攬雀尾 （繋ぎ動作は右方向へ）		
2節、三尖相照	③摟膝拗歩 ④手揮琵琶 ⑤倒捲肱		
3節、上下相随	⑥野馬分鬃　左→右→左→右（4回）		ここまでは小開歩
	⑦左右穿梭	1回目：左 右抱掌のとき左つま先を30度開く	
		2回目：右 左抱掌のとき右つま先を30度開く	
		3～4回目：左→右（2回） そのままの歩形で続ける	
4節、中正円転	⑧雲手	1回目：左へ 右横で両手を上下するとき左踵を外に、つま先は正面	
		2回目：右へ 左横で両手を上下するとき右踵を外に、つま先は正面 （これで中開歩＝肩幅の1.5倍になる） 3回目→左へ（そのまま）	
	⑨左右単鞭	1回目：左 手法とともに左へ転体するとき左つま先を真横に向ける	
		2回目：右 左手を降ろし右に回すとき左つま先を正面に戻す	
		左手鉤手の後、右へ転体するとき右つま先を真横に向ける。	
5節、分清虚実	⑩独立歩	1回目：右 左手の鉤手を解いて正面で手のひらを下に向け押さえるとき 左足の踵を30度内に入れる	
		左への重心移動とともに右足を正面に向け、	
		右足を持ち上げる	
		2回目：左 右足つま先を中開歩の位置に置き踵はやや内側に入れて着地する。	
		右への重心移動とともに左足を持ち上げる。	
		3～4回目：右→左（2回） 同様に続ける	
収勢		左足つま先を小開歩の位置に降ろし、つま先が正面に向くように踵を降ろす。	
		十字手をつくるときに右つま先を正面に向ける （これで小開歩になる）	

第5章　車イス太極拳「Any3 TAICHI」

第6章
楊名時太極拳稽古要諦

楊名時太極拳稽古要諦

　稽古要諦は師家が稽古のたびに説いた要訣集である。ひとつひとつのことばに多くの意味が含まれるので、よく理解して学習の参考にしていただきたい。さらに深く学びたい向きは『健康太極拳稽古要諦』に詳しく述べてあるのでそちらをご一読いただきたい。

①気沈丹田

意識を丹田に置くことで、精神と重心は安定し、動きも軽快になる。

　太極拳は動きながら心の安静を求める。気を落ち着ける第一歩は呼吸から。下腹部を意識すると落ち着いた呼吸ができる。呼吸を落ち着けること＝気を落ち着けることである。

　丹田は身体の重心位置でもある。丹田を意識することは全身のバランスを意識する基本である。丹田が重力にしたがって落ちる方向が真下、重力と反対方向が真上である。この垂線を意識しよう。それは姿勢を判断する基準線である。

心静用意

雑多な思考を廃して、意識を集中させ、感覚を鋭敏にする。

　気を落ち着けるためには「思い」を払うこと。まず周りの音に耳を澄ませてみよう。小さな音まで丁寧に意識することで、身体知覚を鋭敏にする準備ができる。ゆっくりした動作を正しく動くためにはフィードバック（感覚による位置の確認）が不可欠。"心静"によって確認するための集中力を高めることができる。

　動きを覚えたら、ストロークごとに動きの丁寧さを積み重ねよう。これが"用意"。意識的な丁寧さ、きめ細かさには"心静"で得た集中力がものをいう。それによって確認と修正する能力が向上する。

②沈肩垂肘

首から肩の力を抜き、腕の重さで肘を垂らす。

　肩を持ち上げるのは後頭部から肩にかけての筋肉（注：僧帽筋上部線維）。これは頭部後方から肩先を引っ張るもの。つまり、肩が上がる＝頭が肩を支えること…である。ただでさえ重い頭（注：ボーリングのボールと同程度といわれる）がさらに重くなるわけだ。肩がゆるみ下がれば、頭は軽く、当然ながら腕や全身の動きも軽快になる。

　垂肘は上腕と体幹の連結を指す。肘が垂れていれば胴体の動きが腕に伝わりやすく、肘が垂れていなければ胴体との連結が薄くなると同時に、肩が上がりやすくなる。肩が上がるのは上半身のムダな力の代表。肘が垂れれば肩は上がりにくくなると同時に勁道（気血や力の伝達経路）が正しくなる。

身正体鬆

姿勢は正しく、頭部、腹部、尾閭が一線であれば無駄な緊張はない。

　"身正"は丹田＝体の重心、頭部の重心、骨盤の中心（尾閭）が垂直に揃うこと。その上で首が傾いていないこと。両肩、両肋間、両胯（股関節）、両ヒザが水平であること。つまり身体全体が傾かず歪まないことをいう。

　身体の中心軸が傾かず、左右の重要な部分が天秤のように平衡をとれていれば、ムダな釣り合いをとる必要はなく、最小限の力で姿勢を保つことができる。これが"体鬆"である。

第6章　楊名時太極拳稽古要諦

③内外相合

精神活動と姿勢・動作は密接な関係にある。

　散歩をしているときには両手両足を意識的に動かすことはないだろう。ところが太極拳では両手両足を意識的にコントロールしなければならない。内なる意識と、外形にあらわれる動き。"内外相合"の簡単な解釈は両者の統一である。自分が思っているように身体が動いていない。思ったように動いているつもりでも、他人からは破綻が見える。それらは内（意識）と外（外形、動作）が符合しない証しである。

　内外相合を得るコツは「客観性」である。自分の意識だけでなく他から見た自分の動きはどう見えるか。客観的な視線・意識で自分を観察してみよう。そのとき見方になるのは鏡などの道具はもとより、知覚・体性感覚とひとの意見である。

由鬆入柔

精神・肉体ともに、意識的にゆるむことで、柔は実現する。

　自分の姿勢の歪みには案外気づきにくいもの。それと同じように、心の緊張にも気づかないことが多い。それらから解放されるには、刺激を得ないことと、積極的にゆるみを得ることである。

　呼吸を整えることは第一の要件である。姿勢のチェックも重要。鏡で確かめたり、先生や仲間の意見も参考にしたい。関節のひとつひとつを意識的に良くゆるませることも大切である。無自覚の緊張を解くのは、案外難しいものである。意識的にゆるませることはよく学習して身に付けておきたい。

　「鬆」は中身が空しいこと、「柔」は中身はあるが全体に柔らかいこと。心は「空」であり、身体には「気」と「動き」が充ちなおかつ柔らかいこと。心が「鬆」になることによって身体の「柔」がかなう。

④上下相随

腰が動きの中心となり、前進は上肢が、後退は下肢が先導する。

　上下とは"手と足"、"腕と脚"（中国では臂と腿）のこと。上肢と下肢の連携をうまく機能させることである。ふつうに歩くときと違って、太極拳の動作速度では上下肢が自然に連携することはない。ゆえに意識的に連携をとる必要がある。

　技の要点、

　1、手と足の向かう方向が一致すること。

　2、動き出しの順番を間違えないこと。

　3、定式に至るのは同時であること。

《前進・後退の基本》

・前進は、視線が先導し、掌がヒザをリードする。

・後退は、ヒザのゆるみが全身をリードする。

弧形螺旋

すべてのパーツが螺旋で繋がり、動きは円を描く。

　太極拳の動きは円運動の連なりで構成され、直線動作は少ない。また、太極拳は上下肢を伸ばすことがない。しかし、意識しないと伸びてしまうところがある。それは肘。過渡動作の虚側の腕、たとえばボール抱え動作に移るときの下側の腕や、雲手の下側の腕は無意識に伸ばしやすい筆頭である。また、初心者は攬雀尾の双推掌、摟膝拗歩や左右穿梭の推掌も伸ばしやすい。腕中心で動いているときや、身法が適切でないときに多く見られるので注意したい。身法が適切で弧形螺旋が適っていれば、内部深筋の活性強化、血流促進、呼吸力向上など、健康効果を増進できる。

⑤主宰於腰

すべての動きは腰が中心となる。

　腰とはウエスト（腰間）のこと。すべての動作で腰間の動きが適切であることが技の要点。腰は上肢と下肢の平衡をとる要であり、胴体のひねり運動は健康法の秘訣である。腰（腰間）が巧く機能せず胴体を平板に使うと、手足だけ動かすことになり、太極拳の健康法として美味しい部分を捨てているようなもの。楊名時師家の太極拳は腰のひねりが特徴。これこそ健康法の要であり、後世に伝えたい技である。

　わが国では"腰が動く＝骨盤を動かす"と解釈しやすいが、これは間違い。

　拗勢の動きは特に注意してウエストのひねりを練習したい。搂膝拗步、白鶴亮翅、高探馬、左右穿梭等々。ウエストをひねってもヒザが内に入らないように注意すること。ウエストのひねりよりヒザのコントロールの方が難しい。

中正円転

腕の上下は肩で、左右は腰で、胴体の回転は股関節でおこない円の動きとなる。

　中正とは、垂直になっている身体の中心線を中心に、胴体や四肢が天秤のように平衡を保っていること。その軸を中心とした円（回転）運動が"腰のひねり"である。中心線の周りにあるものが傾いたり偏ったりすれば円運動が歪(いびつ)になる。傾き、偏りを正すのが"中正円転"の第一歩。肩の高さ、股関節の高さ、重心の偏りなどをよくチェックしたい。左右穿梭や閃通臂など、肩の傾きに気づきにくい形は特に要注意。

⑥尾閭中正

骨盤の軸を垂直にして、脊椎の土台を安定させる。

　尾閭中正は両股関節を水平にして骨盤の中心軸を立てること。骨盤が水平でなければ背骨はまっすぐ立たず、上体のバランスが悪くなる。太極拳の弓歩姿勢は後ろ側の股関節が上がりやすいので、初心者のうちからよくチェックしたい。特に単鞭は顕著に出やすいので要注意。

　虚歩の姿勢では、後ろ側のヒザが下がって内に入りやすい。その点もよくチェックしたい。これらは鏡での姿勢チェックで発見するか、ひとから指摘されないと気づかないことが多いのでよく注意したい。

源動腰脊

すべての動きの源は腰椎にあり、動きは横隔膜と丹田の間から湧き出る。

　手足が勝手に動くことのないのが太極拳の基本で、ほんの小さな動きであっても腰が動いている。腕や肩、腿や足の筋肉は意識して動かしやすいので、それに頼ってしまう。太極拳では、腕の動きは肩が、肩は腰が動かしていることをよく自覚して動くように心がけよう。

　腰脊とは"腰椎"のこと。腰椎上部は体幹旋転運動の中心であり、足を前に出す腸腰筋、腕を上げる広背筋、腕を降ろす前鋸筋の基部が集まる、文字どおり全身運動の中枢である。

⑦含胸抜背

胸はゆったりと構え、背中は伸びる。上半身が内から広がり萎むところなし。

　"含胸"の"含"はもともと"涵"の当て字であり、溢れかえる意味。胸を狭くしないことである。"抜背"の"抜"は"抜きんでる"意だが、ここでは背骨から肩甲骨が"離れ"広がること。両方合わせて"胸も背中も広がる"意味。

　胸を広げるといっても胸を張りすぎると背中が狭くなる。背中を広げようとすると、背中を丸めすぎて胸が狭くなる。両方がちょうど良い広がりを保つこと、それが"含胸抜背"である。

脊貫四梢

動きは腰から発し、関節を貫くように流れ、末端に伝わる。

　"脊"は脊椎の中心、胸椎の下端から腰椎上端にかけて。貫くのは動きや気の"流れ"。四肢を動かす筋は脊椎中心から四方に伸びる。だから脊椎中心は動きや力を生み出す要である。気血の流れも同様に身体の中心にある心臓・大動脈から四肢に向かって送り出される。力や動き、気血の流れは、文字どおり"脊"から"四梢"に向かって貫き流れる。"源動腰脊"と同じ意味の要訣である。

⑧虚領頂勁

頭はてっぺんから上に伸び、首・背中を引き上げる。

　"虚領"は頭頂が軽いこと。軽いのはムダな力みから解放されているから。主になるムダな力みは、首が前に垂れるのを引っ張る力。姿勢を正して首が前に垂れないようにすれば、項の力みがとれて頭頂が軽くなる。

　"頂勁"は勁が上に昇ること。頭を引っ張り上げるようなイメージがあれば、首が垂れてしまうことは避けられる。

　太極拳は"力みを嫌い""ゆるみを良し"とするため、ゆるみすぎて首が前に垂れる場合がある。姿勢維持のために"虚領頂勁"をよく意識しよう。

三尖六合

手先、足先、鼻先を目標に向け、四肢関節の配置と意識活動は調和する。

　"三尖"は手・足・鼻の向きが揃うこと。まずは方向を揃える。

　腕の動きは意識しやすいが、つま先やヒザの方向は外れることがある。前ヒザやつま先の方向に注意したい。視線→手の動き→ヒザの動きが調和することは上下相随との共通項目。

　"六合"は外三合と内三合の調和。意識と動作を調和させること。外三合は主要関節、手首と足首、肘とヒザ、肩と胯の位置的調和。内三合は"精（エッセンス）""気（流れ）""神（様子）"の調和である。

　ひとつひとつの筋肉の働き（精）で関節動作の流れ（気）を作り、身体全体（神）に行き渡らせる。一般スポーツでは無意識動作が案外と多いものだが、太極拳はより多くの部位を意識でコントロールするところに特徴がある。

⑨呼吸自然

動作を意識し、呼吸は自然に任せる。

　良質な動きは呼吸と動作の調和がとれているもの。調和が乱れるのは両者が分離するから。動いているときに呼吸を意識し過ぎるのは調和を乱すもとである。太極拳の動きの目的は呼吸ではなく、呼吸は動きに加勢するもの。動きと呼吸の取り決めを作るのではなく、理に適った動きは自然で正しい呼吸に導く。そうしてできた自然な呼吸は、動作の円滑さを補助するだけでなく、健康面でも有益である。

速度均匀

速度は平均していてむらがないように。

　速度を均等に…ではなく、ゆっくり動く意識を均等に保つこと。意識が途切れないようにすること。ゆっくり動く意識が抜けた瞬間、動きは日常速度に戻ってしまう。常にゆっくり丁寧に動く意識を保ち続けることがムラのない動きの基本である。止まらないことも基本のひとつ。初心者は途中で止まってしまうこともあるが、できる範囲でゆっくり動く意識を持つことは重要だ。型を覚えるとともに、丁寧で緻密に動くこともよく学びたい。

⑩分清虚実

片足が実となり軸ができる。虚と実があり、真ん中で回転しない。

　実は重く、虚は軽い。どちらの足にたくさん体重がかかっているか、太極拳は常にそれを意識して動く。初歩的には、歩くときは、実の足はしっかり踏み、虚の足はゆるみ浮かせること。慣れてきたら、より多く体重の載った足が軸になって動くことを実感したい。両脚で立っているときに中心で回転するのは、動きの効率が悪いだけでなく関節を傷めるもとである。

胯与膝平

左右の股関節、左右のヒザをそれぞれ水平に保つ。

　ヒザの高さが左右で違えば、低い方のヒザが無理をしている。股関節の高さが左右で違えば、低い方に背骨が傾いている。ゆっくり動くだけに、太極拳はバランスが重要。中腰の姿勢はさらに負荷が増える。中腰で傾いたままずっと同じ姿勢でいるのと同様な負荷を、特定の関節に与える可能性がある。姿勢が正しければ、負担は軽く、動きも無駄なく、効果も高い。

⑪動中求静

変化が見えなければ、動は静と同じ。

　動いていても静かである。その条件はできるかぎり少ない筋力で動くこと。力を尽くさない…といってもサボっているわけではない。静かであることはよく聴き取れること。それは、感覚を鋭敏に保つ、全身に気を配る、相手にもまわり全体にも気を配る条件である。

　相手に自分の動きが見えなければ、自分の動きは悟られない。それは相手に神奇を感じさせる条件となる。だから、太極拳の動は静と同化をめざす。

眼随手転

視線が行く方向に定まり、全身の動作が連なる。

　動こうと考えたとき、最初に反応するのは視線である。だから目の動きは次の動作の方向をあらわす。

　列車の窓から見える景色は窓枠があるからスピード感と臨場感が倍加する。武術の構えが相手の方に手を出すのも同じ理由。あいだにものがあったほうが眼球の測距精度が向上するからである。手の動きと視線が連動するのはその理由による。

⑫剛柔相済

柔があるから剛が活き、剛があるから柔になる。

　"済"はでこぼこや過不足を整えること。"筋肉がつる"のは剛のみの状態、"腰が抜ける"のは柔のみの状態。剛と柔どちらも単独ではまったく用をなさない。筋肉の剛と柔がほどよく合わさって変化するのがよい動きの条件である。筋力系のスポーツは"剛"がリードし"柔"は脇役。太極拳は"柔"がリードし"剛は"隠し味的な存在である。

手与肩平

動作の一部で手と肩の高さが一致する。

　ヒトの腕は四つ足だったころの前足。前足として上半身の体重を支えるためには、背骨（そのころは地面と水平だった）と直角であること。直立した今もその関係は有効で、前に向かって力を出すときは、手が肩の高さにあることが効率的な形態。この位置関係は力の運用に有利だけでなく、血流やリンパ流が滞りにくいメリットもある。だから太極拳は多くの型で手を肩の高さに上げて動く。

あとがき

「自分たちの体験談や根拠のない推測に頼っているようなものは相手にできない。怪しい健康食品などと同じでは困るんです…」 リハビリの現場に技術提供を依頼された折に、現場の医療者から言われたことばである。

　私たちの感じている太極拳の魅力はなにか。その大きな部分をしめるのが身体によい、健康法であるという思いであろう。わが国の太極拳愛好者数は50万人とも言われている。しかし、糖尿病の患者数は700万人、難病のひとつであるパーキンソン病でも15万人を数え、その多くは未だ太極拳を経験したことのないひとたちである。太極拳が一般人の健康維持だけでなく介護や医療に役立つことが立証されれば、それは私たちの社会貢献の道を示している。

　しかしながら、実際に介護や医療の現場で要求されるのは、限られた時間と場所、さまざまな症状に合わせた対応技術、そして最も重要視されるのは"結果"を出すこと。一般向けの教室指導方法では対応できないのが現実である。では私たちはなにもできないのだろうか。

　実際に医療の現場に出て役に立った太極拳技法は"そ〜っと足を運ぶ歩き方"や"胸郭をしっかり動かす体幹運動"、そして"ゆっくりと丁寧な動き"、つまり太極拳の最も単純なCore Technology（基本技法）である。そこで再認識させられたのが、師家楊名時の"関節アライメントの正確な歩法"と"つま先をあまり開かない足さばき"そして"胴体のひねりとたわみ"。八段錦とか二十四式太極拳とかいう"外形的功法"の問題ではなく、これらのCore Technologyの組み合わせが、現場では効くのである。

　本書の目的は師家楊名時がもともと持っていた伝統功法に気づくこと、そして古典から学び自分たちのCore Technologyに目覚め、社会貢献の糧とすることである。その点で本書は『新版　健康太極拳規範教程』の実践版、そして初心者には身体によい具体的な方法を含めた入門編と言える。

糖尿病死亡率の地域格差（公共交通機関が少なくマイカー依存率の高い地域の死亡率が高い傾向にある）を見るに、良質な運動習慣を提供することは、これからの日本に欠くべからざる社会体育といえよう。それが社会に認められるか否か、その条件はただひとつ。それは効果の再現性があること。オリジナルの技法が理論に裏付けされて、さまざまな条件に対応する方法を持つことである。そう、介護に応用できる、医療にも転用できる基本技能があること。そこまでできてはじめて"健康法"と胸を張れるのである。表面上の伝統だけでなく基本技能を知って社会に役立てること。太極拳を好きなひとだけでなく、困っているひと、弱いひとを手助けできることこそ、私たち太極拳愛好者の目指す道と確信する。そして、その道がまさに今、開かれようとしている。

　本書の刊行にあたり、多くの仲間のお力添えをいただいた。伝統技法の再現と高揚をめざした坐功八段錦については医療・運動研究委員会委員長の雨宮隆太先生（元茨城県立中央病院　茨城県地域がんセンター長）に呼吸理論と運動形態の検証をお願いした。また八段錦の経絡解説には同委員会の市川達磨氏にご助言をいただいている。両氏にはこの場を借りてお礼を申し上げたい。また、ベースボール・マガジン社を退職されたにもかかわらず、変わらぬお骨折りをいただいた渡辺義一郎氏には格別の謝辞を進呈したい。

著者略歴

楊 進［よう・すすむ］
1947年京都生。薬学修士。楊名時太極拳始祖・楊名時師家の長男で後継者(京劇で有名な「楊令公」の子孫で山西楊家第41代)、NPO法人日本健康太極拳協会理事長、太極学院学院長。内家拳研究会主幹。幼少より太極拳を楊名時に、形意拳を王樹金に学ぶ。数少ない李天驥の直弟子のひとり。編著書に『新版健康太極拳規範教程』『健康太極拳稽古要諦』(ともにベースボール・マガジン社　2011)、太極拳の古典を解説した『太極拳経解釈　至虚への道』(二玄社　2009)、訳書では『健身気功・易筋経』等多数。「推手入門」等ビデオ、ＤＶＤ作品も多数ある。

橋　逸郎［はし・いつろう］
1954年生まれ、愛知県出身。中部学院大学短期大学部特任教授、楊名時太極拳師範、中部内家拳研究会代表、NPO法人鞭杆協会理事、半田市健康太極拳協会代表、東海ホリスティック医学振興会理事、愛知県武術太極拳連盟理事。

健康太極拳標準教程
けんこうたいきょくけんひょうじゅんきょうてい

| 2012年4月30日　第1版第1刷発行 | 著　者： 楊　進／橋　逸郎 |
| 2020年4月30日　第1版第2刷発行 | 発行者： 池田哲雄 |

発行所 株式会社 ベースボール・マガジン社
〒103-8482
東京都中央区日本橋浜町2-61-9　TIE浜町ビル
電話 03-5643-3930(販売部)
　　 03-5643-3885(出版部)
振替 00180-6-46620
http://www.bbm-japan.com/

印刷・製本／共同印刷株式会社
©You Susumu & Hasi Ituro 2012, Printed in Japan
ISBN978-4-583-10456-0 C2075
※落丁・乱丁本はお取りかえいたします。　　※定価はカバーに表示してあります。
※本書の写真・イラスト・文章の無断転載を厳禁します。

**ベースボール・マガジン社
太極拳と健康の本とDVD**

新版健康太極拳規範教程
楊進／橋逸郎著
定価（本体2500円＋税）

健康太極拳稽古要諦
楊進／橋逸郎編著
定価（本体1800円＋税）

太極拳が体に良い理由
雨宮隆太／橋逸郎著
定価（本体1600円＋税）